国家自然科学基金面上项目（71072148）

基于成员目标定位的大规模定制模式下供应链运作

姚建明　著

中国财富出版社

图书在版编目（CIP）数据

基于成员目标定位的大规模定制模式下供应链运作 / 姚建明著．—北京：中国财富出版社，2014.4

（中国物流专家专著系列）

ISBN 978-7-5047-5126-3

Ⅰ．①基…　Ⅱ．①姚…　Ⅲ．①企业管理—供应链管理—研究　Ⅳ．①F274

中国版本图书馆 CIP 数据核字（2014）第 032182 号

策划编辑　寇俊玲　　**责任印制**　方朋远

责任编辑　张小玲　谷秀莉　　**责任校对**　梁　凡

出版发行　中国财富出版社（原中国物资出版社）

社　　址　北京市丰台区南四环西路 188 号 5 区 20 楼　　**邮政编码**　100070

电　　话　010-52227568（发行部）　010-52227588 转 307（总编室）

010-68589540（读者服务部）　010-52227588 转 305（质检部）

网　　址　http://www.cfpress.com.cn

经　　销　新华书店

印　　刷　北京京都六环印刷厂

书　　号　ISBN 978-7-5047-5126-3/F·2095

开　　本　710mm×1000mm　1/16　　**版　　次**　2014 年 4 月第 1 版

印　　张　10　　**印　　次**　2014 年 4 月第 1 次印刷

字　　数　169 千字　　**定　　价**　38.00 元

前　言

“大规模定制”（Mass Customization，MC）是企业能够以“规模经济”的效益满足客户“个性化产品或服务需求”的生产模式。大规模定制包括多种类型，如价值高且个性化程度与交货期要求都较高的定制、价值低但个性化程度与交货期要求均较高的定制、价值高但个性化程度与交货期要求均较低的定制等。不同定制类型需要由提供定制服务的企业构建不同的运营系统来提供，因而需要不同的供应链协作成员参与。但由于不同协作成员其自身具有不同的参与目标定位（如不同成员可能对协作任务重要性的判定不同、对协作的收益与风险的判定不同等），将导致其在协作时提供的运作参数存在差异（比如，协作时，愿意提供多少相关产能，提供产能的质、量及反应速度是多少，提供的单位生产成本是多少，提供的生产时间窗、交货时间是多少等）。因此，需要实施大规模定制的核心企业在准确把握定制类型与协作成员参与目标定位等复杂关系的基础上，采取有效的运作模式保证所需资源的配置与优化以及不同定制任务的计划、调度与配给，这样才能更好地提升不同客户对定制产品或服务多样化和个性化方面的满意度，提升企业的综合竞争能力。

从现实角度讲，随着人们个性化需求程度的不断提高，人们对定制产品多样化的要求日益提升。不论是从产品的价值、个性化程度还是从交货期等不同特征的组合角度来看，不同的客户往往具有不同的需求。显然，针对不同的定制类型，需要构建不同的供应链组织模式与结构，需要不同的供应链协作成员参与。而不同的协作成员参与时所考虑的首要问题是自身的协作目标定位问题，比如，不同定制类型下对其运作收益与风险的判断不同，对其短期获利、扩大自身规模、提升品牌影响力等目标的优先排序不同等。不同协作成员的目标定位要求实施大规模定制的核心企业在进行供应链运作决策时考虑的因素不同、考虑因素间关系的复杂程度不同，这对供应链运作过程的合理性、灵活性以及可行性提出了更高的要求。因此，研究基于协作成员目标定位的大规模定制模式下供应链运作问题具有非常重要的现实意义。

当前，人们逐渐认识到供应链运作对实施大规模定制的重要价值，但研究该问题仍然是困难与复杂的，这主要是由大规模定制的独有特征决定的。在大规模定制模式下，供应链运作中的信息不对称以及扭曲程度都非常严重，表现为复杂的随机、动态过程。这源于大规模定制的客户随机性需求和供应链各协作成员的随机性资源与能力变动，这些都会对供应链运作过程产生直接影响。因此，尽管目前针对大规模定制模式下供应链运作问题的研究逐渐增多，但大多是建立在协作成员信息的可获得性以及准确性等相关假设基础上的。而通过相关文献分析可以看出，不论是基于信息完全共享的集中供应链运作，还是基于信息非完全共享的分布式供应链运作优化研究，如何在运作过程中能够对协作成员的信息进行合理预测与准确把握是一个非常重要的问题，这是提高供应链运作效率、提升供应链协作收益、降低供应链协作风险的基础，更是充分发挥供应链整体战略优势的前提，而建立在众多假设上的结论较难适应供应链复杂的实际状况。

显然，企业参与供应链协作的信息决定于其在协作过程中所表现出的目标定位，不同目标定位将反映出企业针对不同任务的协作过程所表现出的不同产能配给、期望收益以及履约风险等一系列的重要信息，而这些信息是核心企业用以进行供应链运作优化的先导。因此，研究协作成员的目标定位问题是提高供应链核心企业对协作成员信息合理预测与准确把握的有效途径。

文献分析表明，在大规模定制模式下，协作成员的目标定位问题已经逐步受到人们的重视，但对该问题的深入研究尚未充分展开，因此需要从新的视角进行该问题的挖掘及相关理论的探讨。

基于此，本书在前期围绕“大规模定制模式下的供应链运作”相关研究成果基础上，将供应链协作成员的目标定位问题引入大规模定制模式下的供应链运作过程，并在此基础上深入分析供应链的运作优化问题，这些问题都是相关理论研究中尚需深入探索的重要问题。

本书主要分为9章。第1章为绪论，主要阐述了与本研究相关的基本理念，阐述了问题研究的背景、研究的必要性、重要意义与价值以及本书的研究方法和框架等。第2章对大规模定制模式下供应链运作特征进行了分析、概括与总结，并在前期研究成果所提出的“大规模定制模式下供应链运作框架”基础上，提出了基于协作成员目标定位的改进供应链运作框架。第 3 章到第 8 章为本书的主要研究内容。第 9 章为总结与展望。

本书首先对大规模定制模式下供应链运作中的协作成员目标定位关系进行了分析，通过企业调研，对定制类型以及协作成员的类型进行了分类界定，对协作成员目标定位的主要特征因素进行了挖掘，研究了不同定制类型对目标定位的影响关系以及不同目标定位对供应链运作的影响关系，并提出了目标定位关系引导下的供应链运作模式。

在此基础上，重点分析了基于协作成员目标定位的大规模定制模式下供应链运作中的收益与协作风险问题。通过理顺基于协作成员目标定位的大规模定制模式下的供应链运作过程，分析了供应链资源整合决策优化以及供应链计划调度优化两个不同层面的重要运作问题。

在运作优化机理引导下，构建和设计了基于协作成员目标定位的大规模定制模式下供应链资源整合决策优化模型以及基于协作成员目标定位的大规模定制模式下供应链计划调度优化模型。为了对优化问题进行有效求解，本书引入了蚂蚁觅食的寻优机理，并结合大规模定制模式下供应链运作的具体特征，对蚂蚁算法进行特定设计及改进，搭建了蚁群寻优算法来实现整合决策优化以及计划调度优化过程的求解。为了方便理论与方法的应用，本书还通过若干典型算例分析及仿真模拟对决策优化理论与方法的可行性和有效性进行了验证。在第 8 章中，本书还对服务大规模定制这一新颖和前沿内容进行了论述，并构建了基于协作成员目标定位的服务大规模定制模式下供应链调度优化模型及求解方法。

感谢中国财富出版社寇俊玲编辑对本书出版所作出的辛勤工作。

本书的研究及出版得到了国家自然科学基金面上项目（71072148）的大力支持，在此表示感谢。

作为对大规模定制模式下供应链运作相关理论与方法的探索，本书必然存在疏漏与不足之处，敬请各位读者批评指正。

姚建明
2013 年 12 月

目录
Contents

1 绪 论

1.1 研究背景与意义

“大规模定制”（Mass Customization，MC）是指企业能够以“规模经济”的效益满足客户“个性化产品或服务需求”的生产模式（Pine Ⅱ，1993；Silveira 等，2001）。大规模定制包括多种类型，如价值高且个性化程度与交货期要求都较高的定制、价值低但个性化程度与交货期要求均较高的定制、价值高但个性化程度与交货期要求均较低的定制等。不同定制类型需要提供定制服务的企业通过构建不同的运营系统来实现（姚建明，2014），因而需要不同的供应链协作成员参与。但由于不同协作成员其自身具有不同的参与目标定位（如不同成员可能对协作任务重要性的判定不同、对协作的收益与风险的判定不同等），将导致其在协作时提供的运作参数存在差异（比如，协作时，愿意提供多少相关产能，提供产能的质、量及反应速度是多少，提供的单位生产成本是多少，提供的生产时间窗、交货时间是多少等）。因此，需要实施大规模定制的核心企业在准确把握定制类型与协作成员参与目标定位等复杂关系的基础上，采取有效的运作模式保证所需资源的配置与优化。这样才能更好地提升不同客户对定制产品多样化和个性化方面的满意度，提升企业的综合竞争能力。

从现实角度讲，随着人们个性化需求程度的不断提高，人们对定制产品多样化的要求日益提升。不论是从产品的价值、个性化程度还是从交货期等不同特征的组合角度来看，不同的客户往往具有不同的需求。比如，定制的汽车产品是典型的高价值产品但其个性化差异可能较低，而定制的玩具则可归属为低价值产品但可能具有较高的个性化差别；供某项重要活动使用的定制产品具有较高的交货期要求，而一般的日常需求定制产品则在交货期要求方面可以适当放宽等。可以看出，由定制特征（如价值、个性化程度、交货期要求等）所决定的不同定制类型不仅反映了现实的客户需求，也给实施大规模定制的核心企业进行有效的供应链管理与供应链资源的运作提出了挑战。

显然，针对不同的定制类型，企业需要构建不同的运营系统（姚建明，2014），需要构建不同的供应链组织模式与结构，需要不同的供应链协作成员参与。而不同的协作成员参与时所考虑的首要问题是自身的协作目标定位问题。比如，不同定制类型下对其运作收益与风险的判断不同，对其短期获利、扩大自身规模、提升品牌影响力等目标的优先排序不同等（例如，汽车厂商开发的很多定制产品类型，消费者有时却很难在经销商或4S店买到，其原因是经销商或4S店出于本位利益考虑，不愿冒积压库存的风险）。不同协作成员的目标定位要求实施大规模定制的核心企业在进行供应链运作决策时考虑的因素不同、考虑因素间关系的复杂程度不同，这对供应链运作过程的合理性、灵活性以及可行性提出了更高的要求。因此，研究不同大规模定制类型与不同协作成员目标定位之间的复杂关系，并研究与之相匹配的供应链运作模式具有非常重要的现实意义。

从理论上来看，这一研究主题有必要专门展开讨论，原因如下。

第一，供应链有效运作的前提在于准确获取协作成员的相关信息，而各种原因导致的成员间信息不对称是制约运作效果的主要原因（Yao，2013；Yao和Liu，2009），正如供应链中的牛鞭效应（姚建明，2014）反映所示。特别是在大规模定制模式下，由需求的不确定性引致的协作成员在协作目标定位上的差异是导致信息不对称的重要因素，制约着核心企业对供应链运作的有效实施，增加了供应链成员之间的协作风险（姚建明，2009）。因此，要对大规模定制模式下的供应链运作过程进行深入研究，需要首先从理论上研究如何对协作成员的信息进行合理预测与准确把握从而降低不确定性的问题，而研究不同定制类型下，不同协作成员目标定位相关的复杂关系，并在此基础上进行供应链运作的研究是降低信息不对称性的重要途径。

第二，通常认为参与大规模定制的协作成员会“有钱就赚、有订单就做”，实施大规模定制的核心企业要组织资源不是一件难事。但现实中由于不同定制类型所需的资源特征不同，各潜在协作成员自身的能力特征以及决策偏好不同，大规模定制的核心企业有必要对可利用的资源进行仔细甄别和筛选，寻找最佳资源组织方式（Yao 和 Liu，2009；姚建明，2009）。这就需要有一套方法对潜在协作成员的目标定位、资源能力、决策偏好等进行准确的预测、推测与判断，需要对不同定制类型和不同协作成员类型进行优化匹配，而现有研究尚未提出完整的预测、判断和匹配方法，有必要展开详细讨论。

第三，满足不同客户需求的定制最终需要通过合理的供应链运作过程来实现，其中必须解决的两个重要问题是供应链资源的合理整合以及供应链网络生产过程的计划与调度。而设计资源整合与计划调度模式时，由协作成员的目标定位引致的相关生产信息是必不可少的重要数据（姚建明、周国华，2003）。这就要求核心企业在进行供应链资源整合以及计划调度时，要充分考虑不同的定制类型信息、不同协作成员类型所引导的目标定位状况信息及其中的复杂关系信息等因素（Yao 和 Liu，2009；姚建明，2009；Yao，2013）。如何在这些因素的基础上制定有效、高效的整合优化和计划调度模式，也是理论上一个非常值得深入探讨的问题。因此，基于协作成员的目标定位研究大规模定制模式下的供应链运作问题具有重要的理论意义。

1.2 国内外研究现状

大规模定制的概念从提出到现在已有 20 多年（Pine Ⅱ，1993）。其间，围绕大规模定制问题的研究（Silveira 等，2001；周晓东等，2003；祁国宁等，2003）除主要集中在有关该模式的基本理论与战略发展（Shao 和 Ji，2008；Jiao 等，2003；Rungtusanatham 和 Salvador，2008；Kumar 等，2006）、该模式的实施技术与优化方法（Tu 等，2001；但斌等，2007）、定制产品开发设计与制造技术以及客户服务（Dean 等，2008；梁樑等，2003）、市场响应与产业发展对策（Jiang 等，2006；Fogliattoa 和 Silveirab，2008；Dellaert 和 Dabholkar，2009；黎继子等，2007）等以外，如何实现大规模定制模式下的供应链运作问题（Mikkola 和 Skjtt - Larsen，2004；Ghiassi 和 Spera，2003；赵黎明、郑江波，2003；Salvador 等，2004；Coronado 等，2004；Chandra 和 Kamrani，2005；李喆、吕鹛，2005；姚建明等，2005；Henry，2007；王志宏等，2007；王玖河、樊研，2007；王林、吴清烈，2007；Aigbedo，2009；但斌等，2009；侯亮等，2006；汪旭晖，2007；罗建强等，2007）也备受关注，主要原因如下。

针对大规模定制模式的实现，"延迟策略"无疑是各类研究中关注的焦点问题（罗建强等，2007；Ma 等，2002；邵晓峰、季建华，2004；Jack 等，2005；王海军等，2005；Brun 和 Zorzini，2009），它在一定程度上奠定了大规模定制运作优化的基本思路：在生产中最大限度地利用通用零部件和工艺过程，减少定制成分及其引起的种类变化，提升规模效益。其优化的途径在于产品设计开发技术以及生产技术水平的提高，而实施的关键则在于如何提高大规模定制的生产运作柔性（即灵活性）（祁国宁等，2003；罗建强等，2007）。

当企业自身资源与能力难以满足"延迟策略"对自身运营系统柔性的"特殊要求"时，如何通过供应链体系的柔性运作来实施"延迟策略"成为大规模定制发展的必然选择。事实上，众多关于延迟策略的研究均是建立在供应链环境下的（Mikkola 和 Skjtt - Larsen，2004；但斌等，2009；罗建强等，2007；王海军等，2005），以便充分发挥供应链系统的整体战略优势。正如 Kumar 等（2006）指出的：大规模定制的竞争前景必须从战略的全局角度考虑客户市场的动态性问题，而供应链资源的全局优化与配置是实现全局战略的先行条件。

然而，尽管人们认识到了供应链运作对实施大规模定制的重要价值，但研究该问题仍然是困难与复杂的，这主要是由大规模定制的独有特征所决定的。如 Ghiassi 和 Spera（2003）提出了一个典型的、面向大规模定制的供应链运作体系必须拥有的范式特征，总结了面向大规模定制的拉动式供应链所应具有的新型运作模式，与以往研究较多的推动式静态供应链相比，最突出的区别在于它是一个动态的、必须用非线性网络规划模型来描述的系统；Yao 和 Liu（2009），姚建明、周国华（2003）指出，大规模定制模式下供应链运作中的信息不对称以及扭曲程度更加严重，表现为复杂的随机、动态过程，这源于大规模定制的客户随机性需求和供应链各协作成员的随机性资源与能力变动，这些都会对供应链运作过程产生直接影响。因此，尽管目前针对大规模定制模式下供应链运作问题的研究逐渐增多（Yao 和 Liu，2009；姚建明、周国华，2003；孙靖、林杰，2006；姚建明等，2006；窦建华、林杰，2007；姚建明等，2007；李锡良、李修身，2007；姚建明、蒲云，2005；马飞等，2009；林杰等，2004；Sadeh 等，2001；Penya 等，2003；Barnett 等，2004），但大多是建立在协作成员信息的可获得性以及准确性等相关假设基础上的。

比如，一类研究是假设大规模定制模式下的供应链协作成员之间的产能信息可以完全共享（Yao，2013；Yao 和 Liu，2009；姚建明、周国华，2003；孙靖、林杰，2006；姚建明等，2006；窦建华、林杰，2007；姚建明等，2007；李锡良、李修身，2007；姚建明、蒲云，2005；马飞等，2009），那么该运作问题将转化为核心企业针对特定生产任务的集中优化决策问题。在此前提下，研究如何应对由客户需求不确定性导致的信息波动（Yao，2013；Yao 和 Liu，2009；姚建明、周国华，2003），建立什么样的运作优化模型（如供应链资源整合优化模型、供应链计划调度优化模型等）（姚建明、蒲云，2005；马飞等，2009），运用什么样的算法进行求解（孙靖、林杰，2006；姚建明等，2006；窦建华、林杰，2007）等将是研究的重点。

由于该类研究的前提是协作成员之间信息的完全共享，而现实中由于受到各供应链协作成员本位利益的影响，实现信息的完全共享往往具有一定难度。尽管如此，人们也在试图通过各种途径与方法降低协作成员之间的信息壁垒，如胡珊、吴迪（2006）研究了如何通过构建同步供应链管理信息系统提高对信息的处理效率；姚建明、刘丽文（2007）从系统优化角度，分析了如何根据大规模定制的特点通过功能模块的合理设计来降低供应链运作过程中的不确定性等。

另一类研究的前提是基于供应链协作成员的不完全信息共享（Dawande 等，2006；Naso 等，2007；Charles，2001；孙靖、林杰，2007；Sadeh 等，2001；Penya 等，2003；Barnett 等，2004）。与上述集中决策不同，该类研究主要应用基于“代理（Agent）”的分布式决策方法，提高信息协调的自适应能力。如

Sadeh 等（2001）研究的多企业交互调度模型，是在企业互不了解完全生产信息的情况下，通过企业与调度代理之间的反复与自动交互，对订单任务分配及合作时序进行协调，实现供应链动态优化调度；Penya 等（2003）通过引入基于分布式系统的工厂自动控制系统，通过建立软件Agent,实现即插即适应的自动信息处理，以适应不同的生产需求等。该类研究的核心在于供应链的运作主体不必获取协作成员的完全信息，而是将需要运作的信息传达到各 Agent，而 Agent 将这些信息与其相关的协作成员信息进行匹配协同，选择合适的运作方案。可以看出，这种分布式 Agent 理论建立的前提也离不开高效信息系统的支撑，如 Penya 等（2003）展开的研究实际上是基于高效 ERP 系统之上考虑的。同时，每个 Agent 的局部信息匹配也会形成一定的成本，且可能存在由于局部信息协调时导致的协作成员资源与时间上的无法充分利用与机会成本的形成等问题。

通过上述分析可以看出，不论是基于信息完全共享的集中供应链运作，还是基于信息非完全共享的分布式供应链运作优化研究，如何在运作过程中能够对协作成员的信息进行合理预测与准确把握是一个非常重要的问题，这是提高供应链运作效率、提升供应链协作收益、降低供应链协作风险的基础，更是充分发挥供应链整体战略优势（黎继子、刘春玲，2007）的前提；李贵春等（2005）也指出：建立在众多假设上的结论较难适应供应链复杂的实际状况。

显然，企业参与供应链协作的信息决定于其在协作过程中所表现出的目标定位（姚建明等，2005；Frutos 和 Borenstein，2003），不同目标定位将反映出企业针对不同任务的协作过程所表现出的不同产能配给（姚建明、蒲云，2005）、期望收益（姚建明等，2005）以及履约风险等一系列的重要信息，而这些信息是核心企业用以进行供应链运作优化的先导。

基于此，本书围绕大规模定制模式下的供应链协作成员目标定位关系进行研究，并在此基础上深入分析供应链的运作优化问题，这是提高核心企业对协作成员信息合理预测与准确把握的有效途径，而这些问题是相关理论研究中尚需深入探索的重要问题。

此外，文献分析表明，在大规模定制模式下，协作成员的目标定位问题已经逐步受到人们的重视。例如，Frutos 和 Borenstein（2003）针对房地产行业的大规模定制，围绕客户与建筑商目标定位的灵活协同与整合，构建了具有多个系统优势的虚拟实体，较好地满足了协作成员的战略要求与客户需求的统一；姚建明等（2005）指出由协作成员目标定位所决定的收益偏好关系是大规模定制模式下供应链计划与调度优化的主要约束之一等。但同时也可看出对该问题的深入研究尚未充分展开，因此需要我们从新的视角进行该问题的挖掘及相关理论的探讨。总之，研究大规模定制模式下供应链协作成员的目标定位问题以及目标定位引导下的供应链运作问题具有重要的理论与实践价值，有必要进行深入研究。

1.3 研究目的与内容

在对大规模定制模式下供应链协作成员目标定位问题进行深入分析的基础上，本书将对基于协作成员目标定位的大规模定制模式下的供应链运作问题进行研究。

拓展来讲，本书将首先阐述与本研究相关的基本理念，阐述问题研究的背景，阐述问题研究的必要性、重要意义与价值以及本书的研究方法和框架等，进而对大规模定制模式下供应链运作的特征进行分析、概括与总结，并在前期研究成果所提出的“大规模定制模式下供应链运作框架”（姚建明，2009）基础上，提出基于协作成员目标定位的改进供应链运作框架。

在核心内容方面，本书将对大规模定制模式下供应链运作中的协作成员目标定位关系进行分析。通过企业调研，对定制类型以及协作成员的类型进行分类界定，对协作成员目标定位的主要特征因素进行挖掘，研究不同定制类型对目标定位的影响关系以及不同目标定位对供应链运作的影响关系，并提出定位关系引导下的供应链运作模式。

在此基础上，本书重点分析基于协作成员目标定位的大规模定制模式下供应链运作中的收益与协作风险问题。通过理顺基于协作成员目标定位的大规模定制模式下的供应链运作过程，分析基于协作成员目标定位的大规模定制模式下供应链资源整合决策优化问题以及供应链计划调度优化问题这两个不同层面的重要运作问题。

为了能够将本书所提思路与方法运用于企业管理实践，本书将在上述研究所提出的运作优化机理引导下，构建和设计基于协作成员目标定位的大规模定制模式下供应链资源整合决策优化模型以及基于协作成员目标定位的大规模定制模式下供应链计划调度优化模型。同时，为了对优化问题进行有效求解，本书引入了蚂蚁觅食的寻优机理，并结合大规模定制模式下供应链运作的具体特征，对蚂蚁算法进行特定设计及改进，搭建蚁群寻优算法来实现整合决策优化以及计划调度优化过程的求解。为了方便理论与方法的应用，本书还将通过若干典型算例分析及仿真模拟对决策优化理论与方法的可行性和有效性进行验证。

另外，随着服务定制思想的逐步发展，服务大规模定制（Service Mass Customization，SMC）已经成为大规模定制研究领域一个新的前沿热点问题。作为对该问题的探索性研究，本书还将对服务大规模定制这一新颖和前沿内容进行论述，并构建基于协作成员目标定位的服务大规模定制模式下供应链调度优化模型及求解方法。

1.4 研究思路

为了实现上述研究内容，本书的总体研究思路为：首先，进行定制类型的分类界定、协作成员类型的分类界定以及协作成员目标定位主要特征因素的挖掘；其次，研究不同定制类型、不同协作成员目标定位以及不同目标定位引导下供应链运作特征之间的影响关系；最后，基于协作成员目标定位的引领，搭建基于协作成员目标定位的大规模定制模式下供应链资源整合决策方法以及供应链计划调度优化方法。

1.4.1 分类界定及特征因素挖掘

1. 关于定制类型的分类界定

首先，由于定制过程各方面特征的不同组合（如定制的价值、个性化程度以及交货期要求程度等因素的不同组合）直接影响协作成员参与定制的目标偏好，因此必须通过研究，明确在现实中哪些因素是企业进行定制协作时较为关注的；其次，对不同因素，要设定量化等级对其程度进行合理判定。通过分类界定分析可以解决两个问题：一是挖掘对协作成员目标定位产生重要影响的定制特征因素并对其组合分类进行界定；二是研究如何通过合理的等级划分对各因素的程度进行量化判定。

2. 关于协作成员类型的分类界定

处在供应链不同生产阶段的协作企业其目标定位往往不同（比如，4S 店处于汽车供应链的下游销售环节，其目标定位必然与上游厂商不同），且这种定位必然随着产品定制类型而改变。要研究不同定制类型对不同协作成员目标定位的影响关系，必须对协作成员进行分类。通过分析，拟进行如下两维划分。

首先，根据协作成员所处大规模定制生产的纵向（上、下游）及横向不同阶段（如原材料、零部件、产成品、分销、销售、售后等）进行划分；其次，根据协作成员在客户订单分离点（Customer Order Postponement Decoupling Point，CODP）的前后位置进行划分。CODP 之前的企业更多地考虑大规模生产的特征，强调低成本；CODP 之后的企业更多地考虑定制化生产的特征，强调灵活性（姚建明，2014）。

3. 协作成员目标定位的主要特征因素挖掘

为分析不同定制类型对不同类型协作成员目标定位的影响关系，必须对目标定位的主要特征因素进行挖掘，可从以下三方面展开：首先，从企业对协作任务的重要性判定与权衡角度分析，主要决定了其参与协作的直接目的是更多地考虑短期自身收益还是供应链系统的长期发展与整体收益；其次，从企业对其参与协作任务的主观收益期望与风险偏好的判定角度进行分析，主要反映其对定制协作可能带来的收益与风险价值取向，也反映了其对供应链运作合理性的预期期望；再次，从成员对协作中相关产能供给的质与量等判定角度进行目标定位分析，主要反映其协作时针对特定定制任务的资源供给程度、调配状况及产能风险控制程度等。在此基础上，展开各主要特征因素的指标细化与指标衡量程度的量化。

1.4.2 关系研究

1. 定制类型与协作成员目标定位的关系研究需要考虑两个问题

一是不同定制类型对不同协作成员目标定位的影响关系；二是对该关系的量化处理及关系表达式的建立。该关系的研究框架如图 1－1 所示。

定制特征组合

- 高价值、高个性化水平、高交货期要求
- 高价值、高个性化水平、低交货期要求
- 高价值、低个性化水平、高交货期要求
- 高价值、低个性化水平、低交货期要求
- 低价值、高个性化水平、高交货期要求
- 低价值、高个性化水平、低交货期要求
- 低价值、低个性化水平、高交货期要求
- 低价值、低个性化水平、低交货期要求

……

目标定位主要特征因素

- 协作任务重要程度判定（高低等级）
- 期望收益判定（大小等级）
- 协作风险判定（大小等级）
- 资源供给倾向判定（多少等级）

……

不同供应链协作成员类型

- 根基协作成员所处在大规模定制生产的纵向（上、下游）以及横向不同阶段划分
- 根据协作成员在客户订单分离点（CODP）的前后位置进行划分

……

图1-1　定制类型对成员目标定位的关系框架

研究目的是找到每个定制特征的组合类型对不同类型协作成员的每个目标定位特征因素的影响关系；同时，给出该影响关系的量化表示。通过该关系的研究，使得核心企业能够根据其定制类型的把握与判断，对定制不同阶段所需不同协作成员的目标定位状况进行初步预测与判断，从而为筛选出合适的协作成员做铺垫。

研究过程中，一方面，要做好定制类型、协作成员类型数量以及协作成员目标定位主要特征因素数量的合理把握，做到具有典型代表性的同时，不致使问题太过复杂而无法操作；另一方面，要把握实证调研所需问卷及量表设计的合理性，可通过一个综合问卷，获取关系分析时所需的综合数据，实现关系研究的现实贴近性与结论的普适性。

2. 协作成员不同目标定位对供应链运作的关系研究

关系研究之前，应首先界定影响供应链运作的主要因素。在不同定制类型下，不同协作成员的目标定位对供应链运作具有不同的影响关系。该关系的研究框架如图 1－2 所示。

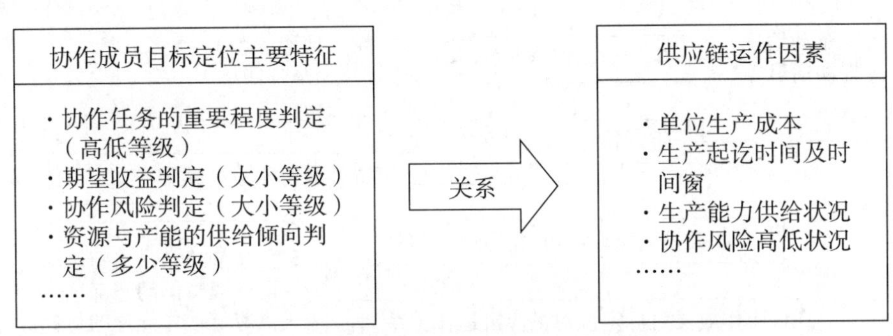

图 1－2 成员目标定位对供应链运作的关系分析

一般来讲，针对相同的产品生产过程而言，不同协作成员的生产成本、生产时间窗、生产能力以及协作风险等因素都有可能存在很大差异；即便是同一个协作企业，由于其参与相同生产过程的协作时间不同，其可用产能、单位成本、生产时间窗以及生产风险等都有可能不同。而这些因素将直接受到各协作成员目标定位的影响，直接反映协作成员在供应链运作过程中的可能信息状况，是核心企业进行供应链运作所需考虑的重要因素。

3. 关系的量化处理

为了将不同关系应用于基于协作成员目标定位的大规模定制模式下的供应链运作过程中，将建立上述关系的量化表达式。量化处理的关键是如何对各因素进行指标的设定及等级评价与细化工作；关系表达式的建立需要通过相应的数学逻辑推理，建立定制类型的动态分类与影响供应链运作的主要因素之间的关系，同时重点分析关系表达式在不同协作成员类型中的差异。

1.4.3 不同目标定位引导下的供应链运作

将上述关系的研究结论应用于核心企业对供应链运作的实践过程，使核心企业能够在供应链运作之前增强对协作成员相关信息的把握程度、提高资源利用效率、降低协作风险，是本书的主要目的所在。

图1－3所示为核心企业进行基于协作成员目标定位的大规模定制模式下供应链运作的信息传递流程。

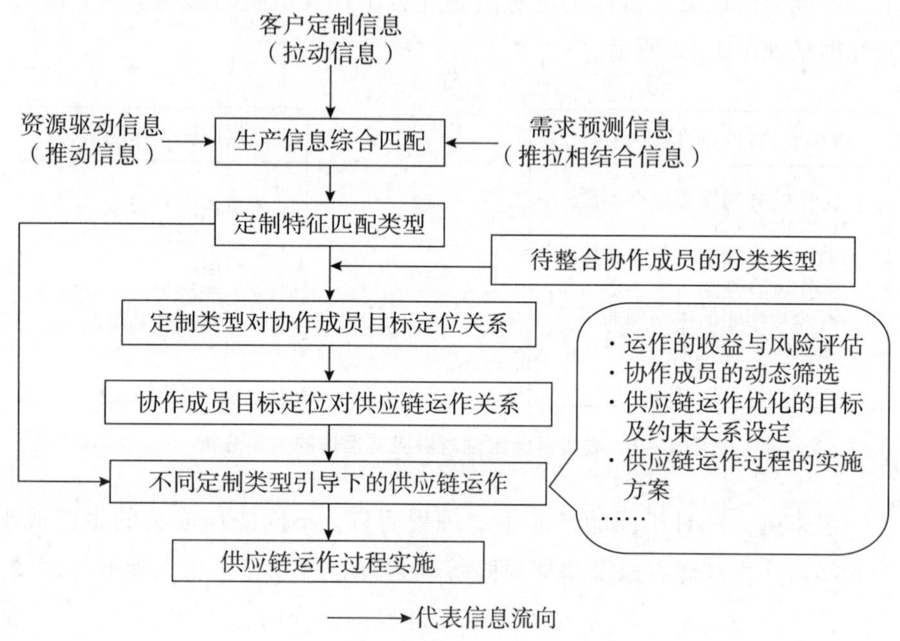

图1－3　供应链运作的信息传递流程

基于协作成员目标定位的大规模定制模式下供应链运作所需解决的核心问题是如何根据不同的定制类型以及核心企业的收益与风险偏好对参与或潜在参与运作的协作成员（如已签订长期或短期无定额合同、未签合同而已有协作意向以及处于核心企业潜在协作市场中的成员等）进行有效整合的问题。在此基础上，再进行具体定制生产任务计划调度优化目标的设定以及调度过程的实施，可以有效减少供应链运作的盲目性、降低生产与协作风险，平衡供应链整体收益与个体收益之间的冲突。

因此，研究基于不同定制类型以及不同目标定位类型引导下的大规模定制模式下的供应链运作需要处理好以下3方面的问题。

1. 供应链运作的收益与风险分析

一方面，不同类型的协作成员目标定位适合于不同的定制类型要求；另一方面，不同定制类型在供应链不同节点上要求不同的生产收益与风险偏好与之匹配，这样才能实现核心企业、协作成员以及供应链系统的三方受益。因此，需分析核心企业如何根据定制类型及协作成员可能的目标定位状况拟订自身的收益与风险目标，同时对自身、协作成员以及供应链系统的收益与风险目标进行综合权衡，建立具体可行的量化权衡方法。

2. 供应链成员的资源整合

即核心企业基于不同定制类型，基于自身收益与风险偏好以及同定制类型相匹配的协作成员收益与风险偏好，对潜在协作成员进行筛选整合的过程。研究中应在收益与风险分析的基础上，根据前述关系进行协作成员筛选方法的建立，并对筛选方法的合理性、有效性与现实性进行检验。协作成员的整合优选需分析如何在一个综合筛选方法中不仅实现各类协作成员的优选，而且能够综合反映出核心企业的收益与风险偏好以及协作成员的目标定位偏好等多属性特征之间的权衡过程。

3. 供应链计划调度优化

在收益与风险分析基础上，根据供应链资源整合关系，进行具体的供应链计划调度优化目标及其约束关系的拟订。不同优化目标不仅对定制生产任务的实现具有重要的价值，而且对核心企业以及协作成员收益与风险的价值倾向也具有重要的意义。在此基础上，针对不同的大规模定制类型进行有针对性的、具体的供应链计划调度过程实施方案的建立，主要通过设计供应链计划调度优化模型及求解方法进行实现。当然，对于供应链计划调度的优化过程还必须通过算例分析或模拟验证进行有效性分析。

1.5 研究方法与框架

本书的研究路线如图 1 – 4 所示。

对于定制类型、协作成员类型的分类界定以及协作成员目标定位主要特征因素的挖掘，将通过对典型企业的访谈、调研与分析，对典型案例的分析，相关理论的分析与逻辑推理以及通过对预调研样本调查问卷的回馈结果数据进行挖掘、验证与补充的综合处理方法进行分析。在此基础上，通过理论推理及逻辑分析对关系进行研究并量化。

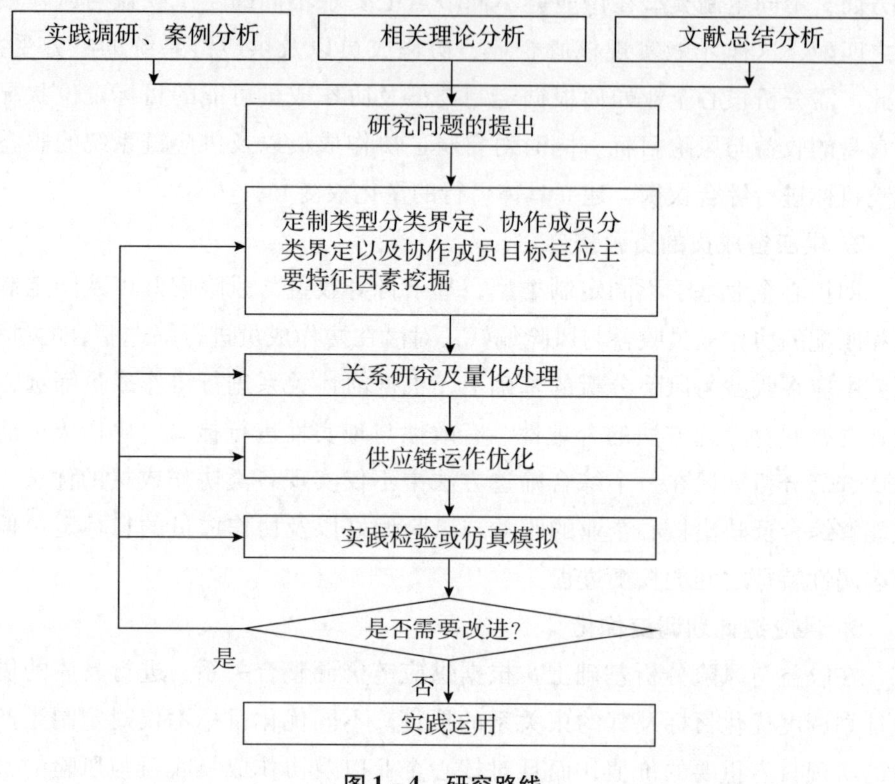

图1-4 研究路线

在关系分析基础上，对大规模定制模式下供应链资源整合及调度优化问题进行分析，将综合运用数理逻辑、模糊数学、运筹与决策、软计算等相关方法进行研究。由于供应链资源整合与调度优化过程具有典型的多目标优化特征，因此必须在求解方法上考虑如何处理多属性的携带、优化与平衡特征。因此拟选取具有良好全局优化性能并具有易于携带多属性特征的改进蚁群算法，同时结合多属性决策方法进行决策优化。改进的蚁群算法同协作成员多属性决策优化问题的对应关系如表1-1所示。

表1-1 供应链运作多属性优化同蚂蚁觅食寻优之间的对应关系

供应链运作的多属性优化行为	开始	结束	优化主体	协作成员	多属性之间的差异	多属性综合平衡优化
蚂蚁觅食寻优行为	巢穴	食物	蚂蚁	觅食路径	不同路径差异	觅食时间及体力等耗费优化

1.6 本章小结

为了对基于协作成员目标定位的大规模定制模式下的供应链运作问题进行深入的系统性分析，本章通过分析该问题的研究背景与国内外研究现状，指出研究该问题的重要理论与现实价值。同时，搭建了本书研究的基本框架，拟订了研究内容及研究方法。这些内容是后续章节研究工作的引导。

2 大规模定制模式下供应链运作特征分析

2.1 本章引言

认识大规模定制模式下供应链运作的主要特征是进行本课题研究的先导。基于相关前期研究成果，首先，分析了大规模定制模式下的供应链类型和大规模定制模式下的供应链管理特征。其次，阐释了大规模定制模式下的供应链资源整合与计划调度问题，概括了大规模定制模式下供应链运作的基本特征，并对其进行了界定。最后，搭建了大规模定制模式下供应链的基本运作框架并将协作成员目标定位引入框架建立了四维运作模型。本章研究内容为后续章节的研究进行了必要的界定与概括。

2.2 大规模定制模式下的供应链类型分析

姚建明（2009）详细研究了大规模定制模式下的供应链运作特征，指出在研究供应链体系的类型时，可将其按三种分类方式进行划分。即根据供应链的稳定性将其划分为稳定型和动态型供应链；根据供应链容量与客户需求的关系可以将其划分为平衡供应链体系和倾斜供应链系统（马士华等，2003）；根据供应链的功能模式（实物功能和市场调节功能）则可把供应链划分为有效型供应链（Efficient Supply Chain）和反应型供应链（Responsive Supply Chain）（姚建明，2014）。

在大规模定制模式下，供应链的类型必然随着大规模定制的独有特性而发生相应的变化，其变化可总结为以下几方面。

第一，大规模定制模式下的供应链是动态型供应链，而非稳定型供应链。这一特点是由大规模定制模式下的供应链基本特征决定的。由于稳定运行的供应链是基于相对稳定、单一市场需求而组成的供应链体系，这样的供应链体系与大规模定制模式理论所要求的运行环境相左，因为定制的典型特征之一就是需求的不确定性，因此，供应链的动态性是其重要特征之一。供应链的动态性主要是指供应链协作成员关系的动态性，该动态性是保证供应链系统灵活性的重要支撑。

第二，从平衡供应链和倾斜供应链分类来看，大规模定制模式下的供应链体系应是阶段平衡型和阶段倾斜型。由于大规模定制模式下的供应链体系以动态性为主导，必然在某一阶段内表现出客户需求同供应链容量相适应，而在另一阶段又不相适应的特点。同时，这种适应与否的状况是相互转化的动态过程，其转化周期决定于大规模定制模式下供应链体系的运营参数以及供应链内、外部环境因素的限制，因而表现为阶段平衡型与阶段倾斜型。

第三，从有效型与反应型供应链来看，大规模定制模式下的供应链体系应为有效型与反应型供应链的综合体。即不仅要体现有效型供应链的低成本，还要体现反应型供应链的快速响应能力。这样，才能适应大规模定制模式的特定需求。同时，应该注意的是，大规模定制模式下的供应链体系应是以反应型供应链占主导模式的供应链结构。也就是说，在大规模定制模式下，适应和满足客户的定制需求应作为第一生产和服务目标，因而提升其快速响应市场需求的能力十分重要，正如以下对戴尔供应链的描述。

戴尔重要的经营思想：专注于自己最擅长的领域，把不擅长的环节给行业中做得最好的人去做，然后通过采购把最具性价比的产品买回来，自己做最后的整合。供应商从提供零件的角度看就相当于戴尔的一个车间，在对这些车间的管理上有一个“交易引擎”的概念，越过企业四面围墙的ERP系统就是戴尔的“交易引擎”。在这个信息平台上，戴尔和供应商双方的信息可以做到极大程度的共享，这是戴尔供应链最精妙的地方。

戴尔最有特色的“直接模式”——戴尔完全是按订单、按需求生产。戴尔中国客户中心数据中心的机房里有上千台服务器24小时运行，客户既可以通过网站，也可以通过800电话下订单，这些信息直接进入数据中心，数据中心每一个半小时把这段时间内的订单统计出一张清单，上面列着分别需要哪些配置。这张清单会直接传到供应商的仓库，这一公共仓库由戴尔的全球伙伴第三方物流公司伯灵顿公司管理。伯灵顿接到戴尔的清单后在一个小时之内就能够迅速把货配好，不到20分钟就可以把货送达——这就是设立中转仓库的好处：戴尔的供应商不可能都在厦门，只有建立这个中转仓库，才能保证每一个半小时送一次货。

理论上，没有订单时，戴尔中国客户中心的车间里是没有工料的，每个零件进货时实际上已经是有买主的，一旦整台机器组装好，马上就可以发货运走，所以戴尔的产品可以保持零库存。

需注意的是：戴尔每一个半小时把清单发送给中转仓库的同时，还会发给供应商的总部，供应商会根据中转仓库里库存的波动情况确定要不要发货过来，并且根据这些信息安排生产。

戴尔要做出未来一年的生产预测，并随实际变动进行调整。戴尔的供应商每个星期都会收到更新的下3个月的生产预测，对于一些需求变化比较大的零部件甚至一天就要更新一次。这不仅使得戴尔即使在市场需求变化大的情况下也能够得到及时的供货，实现了“敏捷”，而且供应商也可以根据实际情况安排生产，减少库存。戴尔根据市场需求不断调整生产计划并且使得供应商也随之调整生产计划，从而使生产贴近市场需要，完美地实现了戴尔“虚拟整合”的管理思想。

良性循环，与供应商“共赢”。除了中国客户中心外，戴尔还有另一个与供应商打交道的重要部门——戴尔全球采购中心。在管理生产资料供应商方面，全球采购中心有3个任务：保证供应商供应的连续性；保证供应商在生产成本方面有一定的领先性；保证供应商产品的品质。

戴尔一开始就从下面几个方面出发来对供应商进行慎重选择。环保与员工福利——戴尔希望供应商能够注重环保并且很好地对待自己的员工，这是一个基本前提。成本领先——戴尔会将供应商与其他同类型的供应商进行比较，看其在成本上是否具有优势。技术产业化的速度——供应商的生产技术水平怎样？能否把新的技术迅速形成量产？持续供应能力——戴尔会从供应商的财务能力、供货的情况怎样、能够做到几天的库存量等方面来考察供应商是否具有很好的持续供应能力。服务——供应商能否满足戴尔在服务方面的需求也是很重要的。品质——这是最核心的因素。戴尔会对供应商产品品质在不同环境进行评测，保证品质。

戴尔管理供应商有一个重要原则，就是“少数及密切配合供应商”，它把整体供应商的数量控制在一定范围内，并且在商品管理、质量和工艺管理等方面为供应商提供培训，帮他们改善内部流程。戴尔还把品质管理等工具分享给供应商，使其自身采购的管理水平也得到提高。每个季度戴尔都会对供应商进行考核，优胜劣汰，实现良性循环。①

2.3 大规模定制模式下的供应链管理特征分析

大规模定制模式下的供应链管理机制同传统的供应链体系运作机制相比有很大的不同，主要体现在以下 3 个方面。

第一，大规模定制模式下供应链管理的主要内容。大规模定制模式下的供应链管理的主要内容有 3 个层面，即战略层面的管理、策略层面的管理以及运作层面的管理。

其中，运作层面的管理主要包括计划、组织、协调与控制从供应商到客户的物资、资金、服务和信息等的流动，目标是达成提高客户的定制服务水平与降低总运作成本之间的平衡关系。主要内容还有战略性合作伙伴关系管理、大规模定制模式下供应链运作体系中以客户订单为基础的产品需求预测和计划、大规模定制模式下的供应链设计方法、企业内外部之间物料供应与需求管理、基于大规模定制模式下的供应链产品设计与制造管理、生产的集成化作业管理、生产过程的跟踪和控制、基于大规模定制模式下供应链管理的客户服务与物流管理、不同协作成员之间资金流管理（汇率、成本综合分析等问题）、基于 EDI/Internet/Intranet 等现代信息通道的供应链体系交互信息管理等（姚建明，2009）。

总之，大规模定制模式下的供应链管理体系应该注重战略导向性，注重多目标之间的权衡，注重生产成本、物流成本、服务时间与客户服务水平之

① 引自世界经理人网站（http：//www. ceconline. com）Richard Li 的文章《揭开戴尔供应链的秘密》，并有删减。

间的关系，强调整体获利，即整个供应链体系的收益最大化与风险最小化。

第二，大规模定制模式下的供应链管理模式。由于受大规模定制模式的特征以及供应链生产模式特征的影响，大规模定制模式下的供应链管理模式应具有以下特点：①大规模定制模式下的供应链管理应采用系统化观念，将供应链上的所有节点看作一个动态整合的整体系统来进行管理和运作；②大规模定制模式下的供应链管理应更加注重战略管理的思想及理论，从战略的前瞻性和系统性角度进行供应链管理的规划与运作；③大规模定制模式下的供应链管理体系应更加强调系统集成的管理思想，强调集成管理下的优质资源协调与配给；④大规模定制模式下的供应链管理应更加注重客户优质服务至上的理念，强调定制产品的服务效果与效率；⑤大规模定制模式下的供应链体系应更加注重服务品牌战略的形成并发挥其重大作用；⑥大规模定制模式下的供应链管理体系应是产品供应链体系和服务供应链体系有机结合的综合体系；⑦大规模定制模式下的供应链管理体系应更加注重所有协作成员利益与风险的整体平衡。

第三，大规模定制模式下的供应链管理基本运作机制。大规模定制模式下的供应链管理运作机制同一般的供应链管理运作机制相比，应更注重战略导向机制、合作机制、决策机制、激励机制、自治机制和自律机制。

（1）在战略导向机制方面，大规模定制模式下的供应链体系更注重战略目标的一致性和战略目标导向下的整体运作过程，更注重目标冲突的协调、缓解与解决，更注重战略整体性与行动个体性之间关系的协调。

（2）在合作机制方面，大规模定制模式下的供应链体系更注重不同供应链协作企业之间的战略伙伴关系，更注重定制服务目标的导向，更注重动态联盟与集成化、模块化制造之间关系的协调，更注重合作和竞争关系中矛盾的协调与解决。

（3）在决策机制方面，大规模定制模式下的供应链体系更注重信息环境的开放性，更注重新的决策技术的应用，更注重多个协作成员的综合决策信息分享与综合分析，更注重全体协作成员多赢目标的实现。

（4）在激励机制方面，除应注重传统供应链管理思想和 TQCSF（时间、质量、成本、服务、柔性）综合协调的管理理念外，还应重点突出服务的重大作用与价值，因为这是满足客户定制服务满意水平的前提。同时，应结合第五代管理等新型管理思想，将定制化品牌管理作为一项意义重大的项目去加以应用，结合平衡计分卡思想建立一整套健全的业绩评价与激励机制，使得大规模定制模式下的供应链体系发展有一个巨大的推动力与长远的持久力。

（5）在自治机制方面，大规模定制模式下的供应链运作应更加注重提升各协作成员的自主性和自治能力，充分提升其在资源获取、外包以及运用等方面的灵活性。这不仅是定制不确定性需求固有特征的要求，也是激发成员动力、有效实现协作目的的必要途径。

（6）在自律机制方面，应紧跟世界科技与管理发展的前沿水平，不断提高定制产品、服务的水准与质量，并通过激励机制提高供应链体系整体运作效率和管理水平。从而，达到增强企业效益，提高供应链相关协作成员核心竞争力的目的。

2.4 大规模定制模式下的供应链资源整合

姚建明（2013a）指出：供应链资源整合是一个系统论的概念，就是要通过对供应链系统的构建、组织与协调，把系统内部彼此相关而又分离的职能以及系统外部参与共同使命同时拥有独立经济利益的个体整合为一个高效运作的体系。整合的目的是在提升客户对产品或服务需求的满意水平前提下，提高供应链系统的整体运作效率和系统各协作成员的收益水平，同时降低协作风险。

由于供应链资源种类多、关系复杂，如何通过资源整合更好地提升客户对产品或服务的需求水平、解决整合的系统整体收益与资源个体收益之间的矛盾以及平衡整合收益与风险之间的相悖关系已成为资源整合中的重要问题。长期以来，供应链资源整合过程普遍受制于如何合理处理客户对产品或服务的满意水平、资源整合成本与系统整合后运营收益三者之间的悖论关系（姚建明，2013a）。而在大规模定制模式下的供应链运作中，这一问题将表现得更为突出。

因此，探索如何对大规模定制模式下复杂的供应链资源进行合理高效的整合、运作与监控，在满足客户个性化定制产品或服务需求水平的前提下实现供应链系统各成员的当前与长远收益最大化是一个必须解决的问题。

当前，在供应链资源整合方面，整合方案由第三方逐步向第四方让渡。

尽管第三方整合服务企业（the Third Party Integration Service，3PIS）可以为客户提供多样化的物流、资金流、信息流等服务，而且提供一体化、一站式服务平台也是众多第三方整合服务企业努力的方向。但是，起源于专业领域服务（如专业物流服务、专业的资金流服务等）的第三方整合服务企业（如第三方物流企业、银行金融机构等），其运作的核心优势毕竟在传统的专业活动领域。其进行多样化服务的运作，必然会遇到在自身资源、运作能力、专业技能、专业人才以及客户关系处理等各方面的限制。与此同时，进行新的服务模式探索也难以打破传统第三方整合服务企业核心竞争优势的显性或隐性限制，而且也会遇到管理方式、企业文化、组织结构等各方面转型的制约。

故而，从构建柔性的供应链系统整合服务平台的角度讲，第三方整合服务企业的这些运作局限反映在供应链关系中，往往难以提升为供应链的主导地位企业。而作为关系上从属地位的企业，在供应链管理中也是很难进行系统资源整合、很难建立战略合作伙伴关系的。基于此，建立在专业整合技术基础上的第四方整合服务平台企业（the Fourth Party Integration Service，4PIS）应运而生了。

例如，美国埃森哲管理咨询公司于 1998 年提出了第四方物流的概念，他强调第四方物流（the Fourth Party Logistics，4PL）是一个能够提供客户一体化解决方案的供应链集成商，其使命就是提供包括第三方物流服务在内的一整套供应链的解决方案（姚建明，2013a）。

埃森哲管理咨询公司在第三方物流的发展过程中进行创新，提出了第四方物流的概念，具有相当深远的积极意义。其关注的焦点是第三方物流企业在发展过程中遇到的一系列问题，这些问题主要体现在上述的供应链管理整合能力的欠缺方面。而将第三方物流欠缺的方面交由第四方物流来实现不能不说是一个巨大的进步。换个角度讲，作为一个管理咨询公司，在提供供应链一体化解决方案方面其显然是具有优势的。埃森哲管理咨询公司基于第三方物流发展过程中的主要问题和阻碍进行考虑，针对这些问题和阻碍提出了第四方物流的概念，实际上是想将传统的咨询业务范围进行拓展，不仅延续了第三方物流在外包方面的优势，而且以一种新的模式博得了客户的眼球，进行了咨询理念的更新与实践的探索。

此外，供应链管理的核心思想是企业只注重自己的核心业务，充分发挥核心竞争优势，而将非核心业务交由其他企业完成，从而最大限度地获得竞争优势（姚建明，2014）。供应链管理是一项系统性的工程，其实施需要考虑多方面因素，遵循系统性的理论与方法，必须经过供应链系统的合理设计、构建、管理、运营以及控制等一系列相关活动才能实现。

其中，需要处理的关系复杂、问题多种多样，需要动态地协调各种目标之间的冲突，例如，如何处理降低供应链运作总成本与提高客户满意水平之间的关系，如何处理供应链中不同成员之间、成员与系统之间的矛盾冲突，如何处理各成员目标与供应链整体目标之间的冲突，等等。同时，供应链中物资流、信息流、资金流、商流等如何运作、如何结合与分离等一系列问题都属于考虑的范畴。而对这些问题的解决，通过传统的供应链运作优化与管理、通过传统的物流活动优化如采购、库存、运输、配送、第三方物流等是难以解决的，必须交由具有站在供应链体系整体及战略层面的新的运营主体来解决，而第四方整合服务提供商正是有能力完成这一历史使命的新的时代产物，它能更好地适应供应链管理和谐运作的需要，从而提高供应链系统整体的运作效率，为客户提供一体化的外包服务平台。

有鉴于此，本书后文将站在第四方整合服务平台的角度和技术范畴，探讨和论述大规模定制模式下的供应链资源整合问题，整合的基本运作框架如图 2－1 所示。

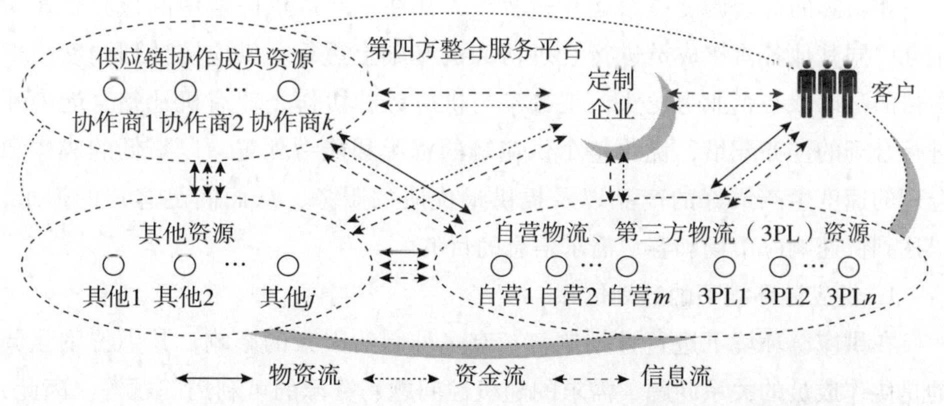

图 2－1 大规模定制模式下供应链运作的第四方整合服务平台关系示意

2.5 大规模定制模式下的供应链计划调度

不论是针对产品生产过程还是服务提供过程，计划与调度问题都是供应链运作的重要方面，也是其核心问题之一。早先的计划和调度主要是在一个独立的企业内部进行，这并不是说这种计划与调度过程只发生在企业内部，而是因为受当时的管理理念限制，人们过度关注本位利益，致使供应链体系不健全，限制和制约了计划和调度规划的拓展和实施。当前，在战略系统框架与供应链全局理念引导下，一个成熟的计划调度模式应该是贯穿于供应链体系下各协作企业之间，既包括企业内部的计划调度，又涵盖企业之间协作计划调度的综合运作体系。

由于供应链环境下的运作特征具有高度的动态性和不确定性，主要反映在客户需求的随机性和资源供给的随机性两个方面（姚建明、周国华，2003），这决定了其计划调度过程的复杂性。

供应链环境是一个由多个协作成员组成的网络组织，供应链环境下的计划调度体系必须能够保证体系中各成员快速、灵活地响应市场需求。有效的供应链计划调度体系集成了成员之间所有的计划、调度和决策业务，主要包括市场需求预测、供应链计划、采购、库存、资源分配、设备管理、主生产计划、物料需求等。当然，针对不同行业和特征的供应链体系，上述计划和调度的内容也会不尽相同。

在实际的计划调度体系运作过程中，往往是在以供应链中的核心企业为主导，同其他各协作成员进行合理协商的基础上进行。供应链计划调度的根本目的是以核心企业为龙头，把各参与供应链的协作企业有机地整合起来并进行合理的任务配给，优化整个供应链的资源和能力配置，以最低的成本和合理的速度生产最好的产品以及提供最优质的服务，从而满足客户的需求，以达到快速响应市场和客户需求信息的目的。

1. 供应链环境下的计划体系

在供应链环境下进行计划制订，有多种制约因素的影响，其中特别强调的是协作成员的关系问题、需求的随机性问题、资源的可利用问题等。因此，在制订计划的时候应突出考虑如下几个方面的问题，即柔性约束问题、生产进度信息问题以及生产能力的匹配问题。同时，十分重要的一点是应该考虑供应链体系中各协作成员之间不同的目标定位以及复杂的协作与竞争关系问题。这些问题的考虑，使得供应链环境下计划的具体编制过程更趋复杂。

供应链环境下生产计划的决策特征有如下几个方面，即开放性、动态性、集成性、群体性以及分布性。这些特性的存在决定了供应链管理环境下生产计划调度必须有一套完备的协调机制，其中包括生产活动与生产活动之间的协调以及生产主体与其他生产主体之间的协调等。

2. 供应链运作体系中的调度问题

在供应链环境下，调度问题是在供应链生产计划实施过程中的一个核心过程和环节。与生产计划相类似，调度往往也有运输调度、库存调度、采购与供应调度、配送调度等不同类型。按调度对象划分，则有原材料调度、零部件调度、产品调度以及服务调度等。按调度作用的范围划分，则一般有企业内部调度和企业之间调度之分等。在供应链环境下，我们所关心和探讨的主要是企业之间的协调与调度问题，即供应链调度（Supply Chain Scheduling，SCS）问题。

对于一个动态供应链体系而言，供应链调度问题可以核心地称为协同匹配问题。也就是说，在特定的调度时间（Time）内，某种特定产品生产和服务的提供，即调度事件（Event），同哪些协作成员也即调度对象（Object）建立何种协同调度策略（Tactics）来完成。其构成了供应链环境下调度过程的四个要素。T－E－O－T 要素之间的合理衔接、柔性规划与运作是构成供应链体系高效运作的关键。它在提高供应链体系整体运作效率，发挥各协作成员之间最大潜力，提高客户和各协作成员之间多赢的收益水平等方面具有重大的意义。如果将此作为一个供应链管理的战略来考虑，则一个优良的调度过程将上升为一个 T－E－O－T 战略（姚建明，2009）。

在供应链管理中，在客户的随机性需求（Stochastic Demand）和协作成员的随机性可用资源（Stochastic Resource）波动十分强烈的情况下，T－E－O－T 策略不可避免地会出现如下一些基本特性，即动态性、复杂性、灵活性以及相对性。这些特性的存在，一方面是供应链环境因素影响和制约的结果；另一方面则是为了适应这种特定战略环境所必须具有的良好性能要求的体现，特别是在大规模定制这一特定模式下，将呈现出特定的运作表征。

2.6 大规模定制模式下供应链运作的基本特征

Ghiassi 和 Spera（2003）曾较为系统地论述了大规模定制模式下实现供应链运作的基本理论，总结了一个不同于以往推动式静态供应链的面向大规模定制拉动式动态供应链所应具有的新型运作特征：①集中战略、分散运作；②同步供应链管理系统；③备选供应商的协作关系；④新型的、交互式的、开放的信息传输系统；⑤灵活的、智能化的交易平台系统。从管理理念角度讲，面向大规模定制的供应链体系与静态供应链体系最突出的区别在于它是一个动态的、必须用非线性的网络规划模型来描述的系统。

大规模定制模式下的供应链体系应是由以实施大规模定制生产和服务为核心业务的核心企业为龙头，结合上下游其他供应链协作成员构成的网络体系结构。该网络体系由围绕核心企业的多级协作成员群体以及客户群体组成。每个协作成员构成供应链网络结构中的一个节点，节点与节点之间进行物品、信息、资金、价值、服务、收益、风险等的交换与流动。供应链中最简单与最普遍的供需关系也体现在节点与节点之间。客户拉动模式下的供应链体系有其基本特征，即复杂性、动态性和客户服务导向性。

在复杂性方面，由于大规模定制模式下的供应链环境可以由不同国度、不同地域、不同行业和不同类型的企业或企业集团构成。特别在全球经济一体化日益发展，以互联网为信息传播媒介的通信方式以及以现代交通技术为资源获取桥梁等变革所带来的跨国界、跨地域生产服务和销售极为方便和可行的前提下，这一特点表现得更加突出。大规模定制模式下供应链运作体系的复杂性主要体现在如下几个方面。

1. 供应链体系结构构成的复杂性

大规模定制模式下的供应链网络体系应为立体网络结构。建立立体网络结构的核心意义是指在平面网络体系上，某些节点在功能、业务、技术、资金、信息等方面的集成（动态集成），构成超越平面网状体系的外层节点。这些外层节点之间同样进行着物品、价值、信息、资金、服务、收益、风险等的传递与交换。

2. 物资流过程的复杂性

由于大规模定制模式下的供应链体系有跨国界、跨地域等特征，在原材料、产成品、零部件等物品的运输过程中，不可避免地要涉及水、陆、空、管道等多种运输方式。同时，综合调拨过程中也存在一定的复杂性与随机风险性。为了避免物资流业务中的不利因素，应尽量采取异地整合的生产与服务运作模式，即物资流趋近、信息流趋广的新型运作模式。

3. 信息交换的复杂性

大规模定制模式下的供应链运作体系，包含不同地域、国度的协作成员和客户。客户的订单信息随机、多变。协作成员的相关生产和服务信息也是复杂、多样、随机、多变的。多种信息的整合需要实现不同信息源之间的无缝衔接，其信息接口设计与规划行为十分复杂。而令人兴奋的是，互联网（包括移动互联）技术、数据仓储技术以及包括云计算、大数据分析在内的智能计算技术的发展为信息的合理流动、信息系统的合理构筑与高效运作的实现奠定了重要基础。

4. 效益整合的复杂性

为了满足大规模定制模式下多样化的客户需求，供应链体系所涉及的协作成员必然数量众多、性质特点差异大。如果各协作成员出于其自身趋利心理考虑，必然影响供应链体系结构的稳定性，加大动态性。要解决效益整合的复杂性，必须采用一定的规划方法，进行有效的监督与激励，使得协作成员在均得到满意收益的同时，达到供应链系统运作效益的最大化。

5. 规划、管理、运作的复杂性

上述种种复杂性的存在，使得大规模定制模式下供应链体系的规划、管理和运作异常复杂。不仅要解决各协作主体目标定位以及协作利益、风险的问题，应对供应链内、外部各种竞争关系的冲突，还要协调与规划供应链复杂的多目标运作过程，及时处理运作过程中的突发事件等。

在动态性方面，动态性的特征本身就是供应链体系下的一个基本特性，只不过在大规模定制模式下显得更加突出。从战略管理角度讲，由于供应链所处环境湍流水平的加剧，需要有不断变动的战略与组织与之相适应，这就决定了大规模定制模式下的供应链体系中各节点上的企业需要动态地更新，同时各节点企业之间的相互关系也需要动态变化。从供应链网络拓扑角度讲，大规模定制模式下供应链运作的动态性主要体现在供应链网络节点以及节点之间连线上的变化。动态性是产生大规模定制模式下供应链体系复杂性的主导因素之一。

在客户服务导向性方面，一般供应链的形成、运作、管理都是基于一定的市场需求导向产生的。大规模定制模式下的供应链体系则是基于客户服务导向性这一特征，完全按照“拉动式”和“订单驱动”模式进行生产和服务运作的。这样一方面在一定程度上给大规模定制模式下供应链体系的运作与管理带来困难，另一方面却给我们合理高效地进行供应链体系的运作规划带来了基本指导原则。可以说，客户服务导向性是大规模定制模式化的必然要求，是供应链体系运作的基础，也是未来产业发展方向的基本体现。

2.7 大规模定制模式下供应链运作特征界定

基于以上分析，对供应链环境下大规模定制模式运作的基本特征的描述、界定及设定如下。

（1）大规模定制型企业在供应链中充当核心企业的角色。其核心技术能力体现在对客户定制产品或服务的开发设计以及对供应链相关协作成员的协同计划、组织、引导、管理、控制和优化调度等方面。将核心企业的生产功能从传统生产过程中分离出来，使其有能力发展自身的核心竞争力，是供应链体系下进行生产活动的特征之一，也是发展核心企业 CIS 品牌战略，更好地参与市场竞争的前提和基础。

（2）核心企业按其与供应链中其他相关企业的协作关系可划分为多种类型。比如，在定制产品生产过程中，核心企业只参与产品设计，而将其他生产过程外包；或者，核心企业参与产品的设计、成品组装，而将其他业务外包等。由于有供应链系统网络的存在，核心企业可能全部或部分承担其中某一个或某几个阶段的生产任务。核心企业参与生产过程的某一或某些阶段并不会改变供应链运作的基本特征。

（3）大规模定制生产协作方式下的供应链环境实际上可以由分布在世界范围内的协作成员以及客户网络构成。信息技术的飞速发展，特别是电子商务模式的诞生和相关领域技术的日益成熟以及智能化、高速化交通工具的日益革新为这一网络组织的高效运作提供了必备的条件。核心企业产品信息的发布，客户订单的提交，核心企业对供应链协作成员的相关生产信息的收集以及计划调度命令的发布等都可以通过互联网络来进行。

分布在全球范围内的供应链体系及其运作过程与传统的单个企业生产过程完全不同。分布式生产是未来全球经济一体化发展所带来生产过程革新的重要方面，要求用新的思路与机理重新构筑生产系统运作管理的方法体系。跨地域、跨国界地进行生产活动，一方面体现了经济和科技发展的要求，另一方面为整合和有效利用世界不同地区的资源，开发不同地区的市场、提高定制企业的国际竞争力奠定了基础。但是，由分布式生产活动特征所导致的生产运作与管理方面不利因素的存在，使得在进行分布式定制产品生产的供应链体系规划时必须遵循这样一个原则，即“物流趋近、信息趋广”。

该原则保证了客户定制产品的交货速度，减少了运输、库存等中间成本。在实现配送服务时，使一定地区的分销商服务就近的客户。这与传统意义上的分销过程又是有区别的，这里的分销商可以只提供物流服务，而将信息的流动划归网络进行。也就是说，客户可通过网络以及其他信息传媒同进行定制产品开发与设计的核心企业直接进行信息沟通（其中包括核心企业发布的产品信息、客户的订单信息沟通等）。这样，一方面保证了客户所得产品信息的广泛性与多样性以及前沿性，另一方面保证了核心企业及时了解需求信息以便进行准确预测和规划，同时有利于进行新产品的开发与设计。

（4）一个完整的客户定制产品生产过程不仅反映了产品生产过程时间上的衔接与同一生产阶段不同类型产品空间上的排列，还反映了一个完整的供应链系统中各成员之间物品、资金、信息以及价值等的合理流动。因此，一个成熟的、面向供应链的定制产品生产过程的描述模式应该是包括定制产品维、产品生产过程维以及供应链的生产成员维在内的三维模式。

（5）大规模定制模式下的供应链运作受到协作成员目标定位的突出影响。供应链协作成员的目标定位是引导各协作成员如何参与协作，如何评价与平衡自身参与协作可能带来的收益与风险，如何评价参与协作可能带来的长期收益与短期收益等各方面关系的重要因素。与一般的稳定型供应链运作不同，大规模定制模式下供应链运作的随机性与动态性特征决定了协作成员目标定位的直接与潜在影响价值。

（6）大规模定制模式下的供应链运作体系是一个全动态、拉动式、集成化的生产服务体系。拉动式生产方式的特点容易导致传递过程中的信息曲解，但拉动式是实现客户定制化生产的必然选择。拉动生产方式的运用直接导致了大规模定制模式下供应链运作过程中两个随机性的产生，即客户需求的随机性和供应链生产能力的随机性（姚建明、周国华，2003）。二者的结合导致了更加严重的信息曲解现象，使得供应链的运作决策过程更加复杂化。

由于信息曲解在供应链体系中具有很大的危害性，因而必须采取多种措施进行缓解。Lee 等（1997）曾提出了减弱信息曲解程度的一些措施，如合理评价销售数据、合理控制库存补充量、减少提前期、与第三方合作、正常安排货运、按以前销售量分配合同额度、实现生产能力与供货信息共享、增加时间、增强运货能力方面的灵活性等有益的措施。这些都是降低信息曲解程度值得借鉴的地方，但对于具有不同特征的拉动式供应链运作体系，应根据实际情况分析可以降低信息曲解程度的各种因素，以提高供应链的运作效率。比如，增强协作成员之间的协作关系，准确把握成员的目标定位即是一种降低信息曲解程度的有效途径，这也是本书探讨的重要方面。

2.8 大规模定制模式下供应链的基本运作框架

姚建明（2009）构筑了如图 2－2 所示的大规模定制模式下供应链的基本运作框架。

该框架示意了供应链环境下进行大规模定制生产运作的三维界定、对应关系及定制产品生产的层次及技术分解（指定制生产的一般分解方式，即由通用和定制零部、部件的优化组合进行定制产品的生产）的基本规律。

图 2－2 所示的框架由两大区域结构组成。下部是大规模定制模式下供应链运作体系的三维模式，由代表定制产品各生产阶段的生产过程维、反映同一生产阶段中不同生产任务在不同成员之间分配生产的产品维以及代表生产企业的供应链维（纵向企业维和横向企业维）构成。

三维模式中生产过程维的划分是考虑了原料供应、零件生产、部件生产、成品生产以及销售和运输等进行大规模定制生产所需的全部过程。这是一个典型的制造业生产模式，也是一个经过简化后的理想模式。这样划分，特别是对产品零件和部件的划分及分类，对拓展的客户订单分类思路（姚建明，

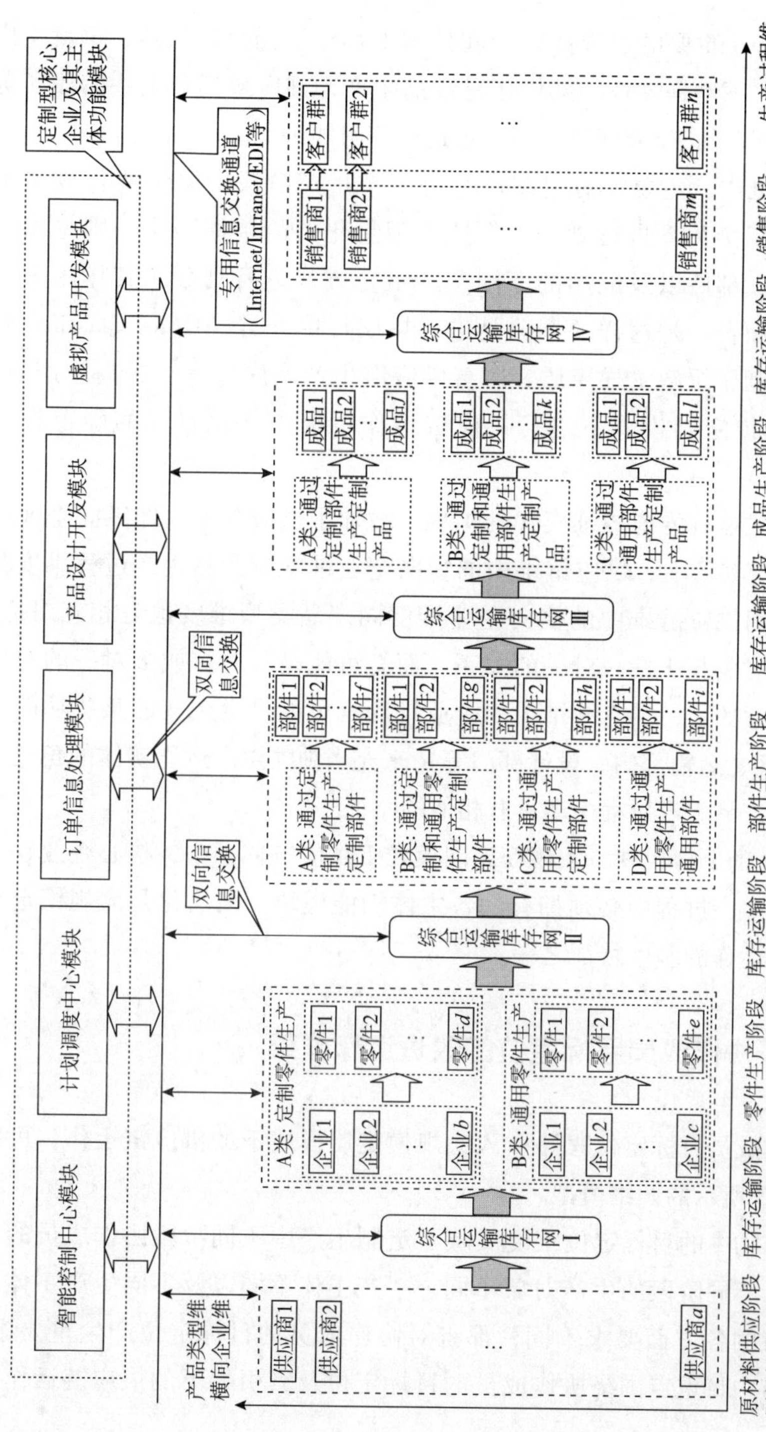

图2-2 供应链环境下大规模定制运作基本模式框架

2009）这样一个重要的过程在理论和技术上都作了铺垫。当然，单就生产过程本身而言，不论是零件、部件还是成品生产，都应包括对上一阶段所提供产品的预处理、加工/装配以及后处理过程等附加过程。

在产品维中，主要针对定制产品每一个生产阶段中多个协作成员不同生产过程的衔接关系进行划分。在这个理想化的简单模型中，则是以定制产品的零件、部件以及成品的不同生产组合方式进行划分。其作用主要有如下两个方面：一是这样的划分是进行拓展订单分类（Order Classification）的基础，有利于缓解主导矛盾、改善供应链生产调度过程、提高生产效率；二是为大规模定制模式下进行供应链运作过程中优化目标的确定打下了基础。

三维模式是对传统二维模式的扩展，增加了供应链维，即纵向企业维和横向企业维。实质上，供应链维中的纵向企业维度同产品生产过程维度是相互对应的，而供应链维中的横向企业维度同产品类型维度也是相互对应的。当然，这种对应并非是一对一的关系，而有可能是一对多或多对一的对应关系。应该注意的是，供应链维中的企业维度也可能是由企业的某些功能部门（如生产车间、运输部门、设计部门等）来充当独立生产运作实体的角色，但是，反映在产品生产过程中却具有相似的特征。

图2-2的上部反映了大规模定制模式下供应链体系中，核心企业在实施大规模定制生产过程中必须拥有的各主体功能模块。模块化是大规模定制模式下供应链运作的基本特征之一。

2.9 基于协作成员目标定位的改进运作框架

将协作成员目标定位思路引入大规模定制模式下的供应链运作，可以建立如图2-3所示的四维模型。

四维结构中的目标定位维度反映了定制生产中不同阶段协作成员的目标定位关系。不同阶段的生产对象不同、生产主体不同以及不同生产主体对不同生产对象的各方面要求不同，都将对协作成员的目标定位产生重要影响。在后续章节中将重点围绕协作成员的目标定位及其引导下的供应链运作问题进行讨论。

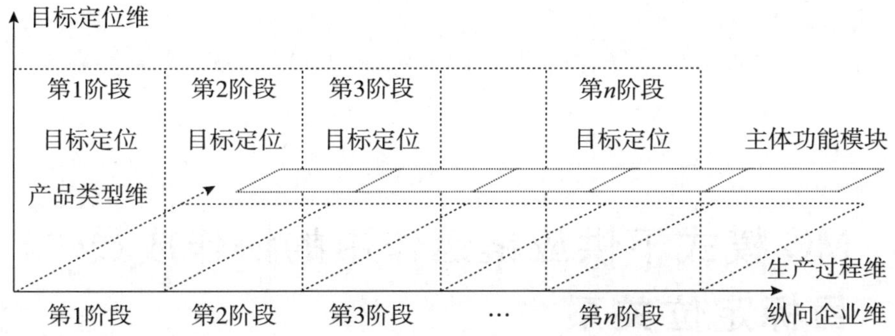

图2－3　引入目标定位的供应链环境下大规模定制运作四维框架

2.10　本章小结

在与本书内容密切相关的前期研究基础上，本章基于战略思想和系统观点，重新梳理了大规模定制模式下供应链运作的相关特征。

本章将协作成员的目标定位思想引入运作特征的分析，在多个方面进行了运作模式特征的革新与理论升华。

在运作框架方面，在前期成果提出的基本运作框架基础上，通过引入成员的目标定位维度，建立了四维框架模型。为后文中相关章节的研究奠定了重要基础。

3 MC 模式下供应链运作中的协作成员目标定位关系

3.1 本章引言

认识大规模定制模式下供应链运作中协作成员目标定位的相关特征是进行本书主要内容研究的先导。基于理论分析和企业调研，本章从战略高度和系统全局性角度首先分析了大规模定制类型的分类及界定、协作成员类型的分类及界定等两个对供应链运作有着重要影响作用的类别划分，进而对协作成员目标定位主要特征因素进行了挖掘，研究了定制类型对目标定位的影响关系、目标定位对供应链运作的影响关系。在此基础上，分析了协作成员目标定位关系引导下的供应链运作模式特征及其构建等若干重要问题。这些是后续章节中构建基于协作成员目标定位的大规模定制模式下供应链运作模式的基础研究铺垫。

3.2 文献分析及其结论

通过对大规模定制相关文献的分析与整理，得出以下基本结论（姚建明，2013b）。

（1）对大规模定制问题的研究主要集中在基本理论与战略发展、实施技术与优化方法、产品开发设计与制造以及客户服务、市场响应与产业发展对策以及大规模定制模式下的供应链运作等问题。其中“延迟策略”无疑是各类研究中解决大规模定制核心问题的焦点，而没有合理的供应链运作，就无法充分发挥“延迟策略”在解决大规模定制模式中“规模效应”与“个性化需求”之间基本矛盾中的重要作用。

（2）目前针对大规模定制模式下供应链运作问题的研究大多是建立在协作成员信息的可获得性以及准确性等相关假设基础上的，但现实中往往是较难准确预测和把握的。

（3）供应链运作决策过程（如供应链资源整合决策、供应链计划调度决策等）中如何对协作成员的信息进行合理预测与准确把握是一个非常重要的问题，这是提高供应链运作效率、提升协作收益、降低协作风险的基础，更是充分发挥供应链整体战略优势的前提。

（4）大规模定制模式下，协作成员的目标定位问题已经逐步受到人们的重视，企业参与供应链协作的信息决定于其在协作过程中所表现出的目标定位，不同目标定位将反映出企业针对不同任务的协作过程所表现出的不同产能配给、成本和时间参数安排、期望收益以及履约风险等一系列的重要信息，这些信息是核心企业用以进行供应链运作决策的先导，但当前国内外对该问题的深入研究尚未充分展开。

3.3　企业调研及其结论

在进行文献整理分析、相关理论研究、典型案例分析及企业访谈基础上，分别进行了两个类别的调研活动：一类是发放问卷调研，另一类是走访调研。调研活动历经半年时间，通过走访北京、天津、上海、江苏、浙江、山东、湖南、湖北、四川、重庆、内蒙古、河南、山西等 10 多个省市的相关企业，获取了大量有价值的数据。

两类调研共回收问卷 187 份，去除无效问卷 23 份，得到 164 份有效问卷，样本类型分布状况如表 3－1 和图 3－1、图 3－2 所示。

通过理论分析和实际调研，得出如下主要结论。

（1）随着个性化需求程度的不断提高，人们对定制产品多样化的要求日益提升。从产品的价值、个性化程度及交货期等不同特征的组合角度来看，不同的客户往往具有不同的需求，并且需求的差距较为明显，且这种不同组合深刻影响着客户对定制产品或服务满意度的提升。

表 3-1 调研企业的分类及样本数量

企业性质	国有企业	股份制企业	外资企业	合资企业	私营企业	其他
样本数（份）	14	28	34	12	76	—
业务范围	跨国经营	国内经营	区域经营	省内经营	地区经营	其他
样本数（份）	16	62	54	24	4	2
员工数量（人）	≥2000	1000～2000	500～1000	300～500	≤300	其他
样本数（份）	24	16	35	29	60	—
总资产（千万元）	≥200	50～200	20～50	5～20	≤5	其他
样本数（份）	26	45	38	19	31	5
年营业额（千万元）	≥100	50～100	20～50	5～20	≤5	其他
样本数（份）	32	24	36	37	23	8

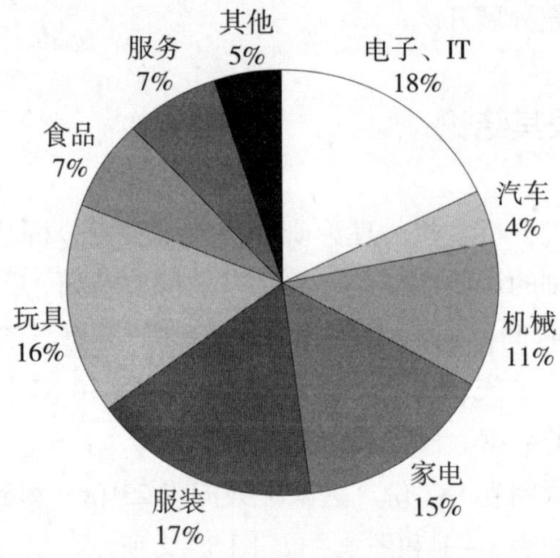

图 3-1 调研企业的行业分布

（2）在定制产品的时间性要求上，准时交货优于提前或推后。这是因为当前的社会是效率型社会，人们的时间安排较为规律，传统上提前交货最优的观点有可能打破人们正常的生产生活秩序，降低定制服务满意水平。

（3）不同的定制类型生产，需要不同的运营系统来实现。这就要求构建

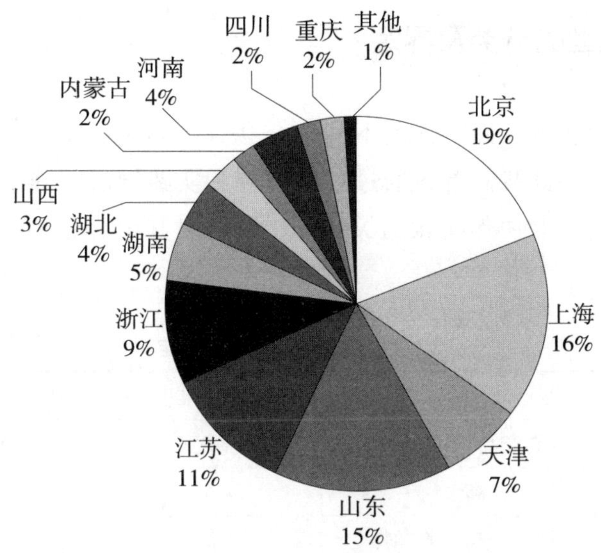

图 3－2 调研企业的地域分布

不同的供应链组织模式与结构，这实质上需要不同的供应链协作成员参与，而不同的协作成员参与时所考虑的首要问题是自身的协作目标定位问题，这是一个不可回避的现实问题。

（4）不同协作成员的目标定位要求实施大规模定制的核心企业在进行供应链运作决策时考虑的因素不同、考虑因素间关系复杂程度的不同。这一方面是供应链运作的主体——核心企业提升自身协作收益、降低协作风险的要求，另一方面也是供应链管理战略系统观的集中体现。

（5）供应链运作优化的前提在于准确获取协作成员的相关信息，而各种原因导致的成员间信息不对称是制约运作效果与效率的主要原因。特别是在大规模定制模式下，由需求的不确定性引致的协作成员在协作目标定位上的差异是导致信息不对称的重要因素，制约着核心企业对供应链运作过程的有效实施，增加了协作风险。

（6）对大规模定制模式下的供应链运作过程进行优化，需要首先合理预测与准确把握协作成员的信息，再对定制类型、协作成员目标定位以及供应链运作之间的关系进行系统把握。

3.4 定制类型的分类及界定

由于定制过程各方面特征的不同组合会直接影响供应链协作成员参与定制的目标偏好，因此我们首先通过理论研究和实践调研明确了在现实中哪些因素是企业进行定制协作时较为关注的，同时对其组合分类进行了界定，如表3－2所示。

表3－2　大规模定制类型的分类界定

类型序号	分类界定维度		
	定制产品价值高低	个性化水平	交货期要求程度
1	高	高	高
2	高	高	低
3	高	低	高
4	高	低	低
5	低	高	高
6	低	高	低
7	低	低	高
8	低	低	低

由于对定制类型分类界定的目的是有针对性地对供应链不同阶段的协作成员目标定位进行分析，因此其利好主要针对定制产品的提供方——供应链网络。

1. 定制产品价值的判定

从定制产品供给方的角度来看，对于定制产品价值高低的判断，需要从其能够给企业带来的利润（包括未来的潜在利润）情况和风险（包括未来的潜在风险）情况来综合判定，如图3－3所示。

设定制产品 n 的价值为 V_n，则 V_n 可表示为式（3－1）：

$$V_n = (f_1P_D + f_2P_E) - (f_3R_D + f_4R_E) \tag{3-1}$$

式中，P_D 为协作成员对从事该定制产品生产任务所能带来的直接收益；P_E 则为其期望的间接收益；R_D 为协作成员对从事该定制产品生产任务所预计的直接风险；R_E 则为其预期的间接风险；f_1、f_2、f_3、f_4 为权重系数。对不同的

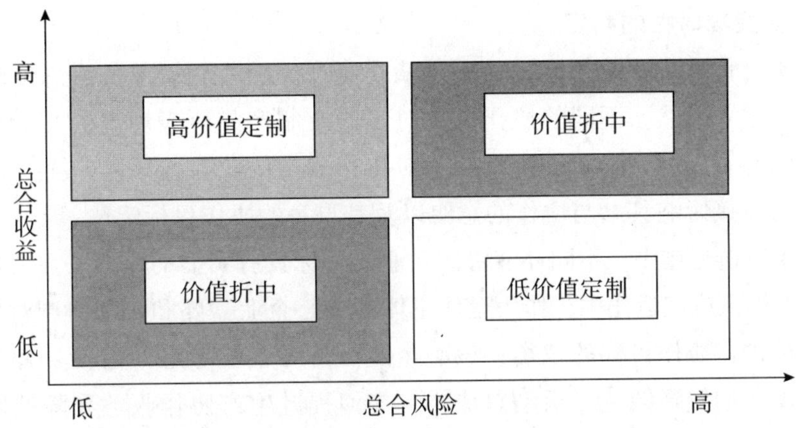

图 3-3 由总合收益和总合风险决定的定制产品价值判定

协作成员而言，即便是面对同样的定制产品生产任务，f_1、f_2、f_3、f_4的值都有可能不同，这反映了不同企业面临的复杂差异化环境以及自身不同的战略诉求。

2. 定制产品个性化水平的判定

从定制产品生产企业角度讲，定制产品的个性化水平直接决定了该企业同期规模效应的高低，这也间接决定了生产企业可能的盈利和风险大小。因此，可以根据在生产过程中决定规模效应的客户订单分离点（CODP）的位置来进行定制产品个性化水平的判定。

如图 3-4 所示，CODP 的位置越接近于生产过程的上游端，个性化水平越高，越接近于下游客户端，个性化水平越低。

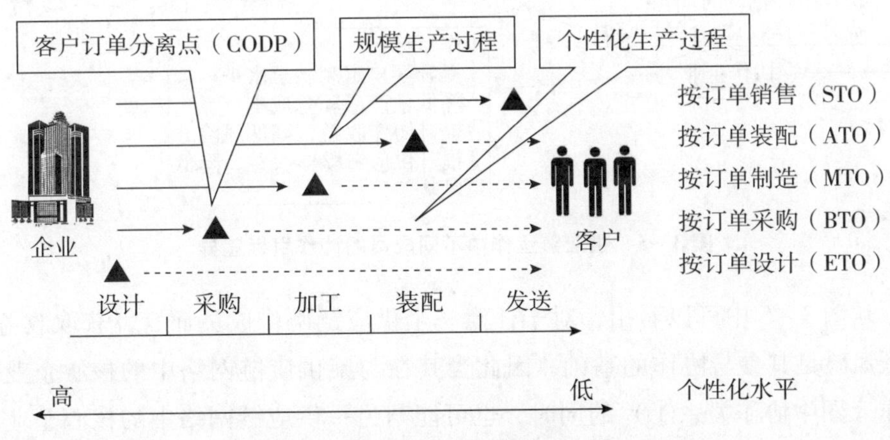

图 3-4 定制产品的个性化水平判定示意

3. 交货准时性的判定

对于交货准时性的判定，主要是从定制产品交货期误差的容忍度角度大小进行考虑。当然，不同的协作成员对不同定制产品所表现出的交货期容忍度是不同的。因为，不同的交货期会对协作成员的收益与风险产生不同的影响，进而直接影响其参与协作的意愿以及其自身的协作目标定位。

在供应链运作中，不同环节协作企业的目标具有明显的差异。在大规模定制模式下的供应链运作中，作为运作主体的核心企业需要和管理协调对象——协作成员进行协作目标的权衡：核心企业协作时主要考虑如何提升客户服务满意水平、如何降低生产活动总成本、如何提升生产协作收益和降低风险以及如何提升供应链整体收益和降低风险等问题。而协作成员协作时则主要看中如何降低单位生产活动成本、如何提升规模效益成本折扣、如何优化生产活动时间窗以及如何提升协作收益、降低风险等方面，如图3－5所示。

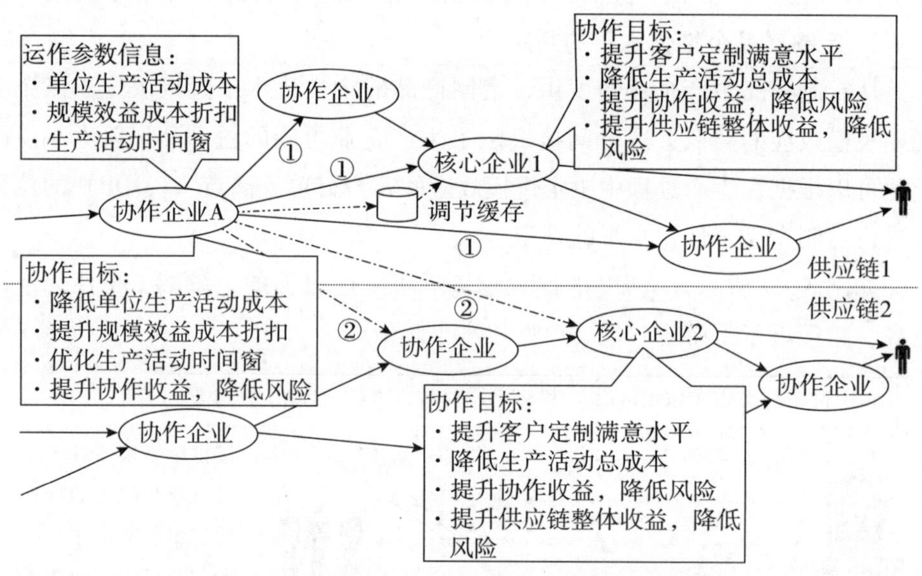

图3－5　供应链运作中不同成员的协作目标差异

从图3－5中可以看出，对于任意一个供应链协作成员而言，获取收益、降低风险是其参与协作的基础，因此当其在与某供应链网络中的核心企业1协作（图中协作关系①）的同时，也可能与另一供应链网络中的核心企业2进行协作（图中关系②，见图中点画线箭头）。然而，每个协作成员在一定时点上其生产能力是有限的，因此它必须衡量同时参与供应链协作的任务量，才能在保证获取满意收益的同时，规避因生产能力不足带来的协作风险。这一能力关系的制约，将导致协作成员在不同时间参与协作时，其生产成本、生产时间窗以及规模效应等参数关系有明显变化。

例如，图 3－5 中某生产能力有限的协作企业 A 在与核心企业 1 协作的同时，如果还想接受核心企业 2 的协作生产任务，那它可以通过如下两种途径实现。

第一，通过压缩核心企业 1 生产任务的时间来换取更多的空余生产能力。但这样一来，核心企业 1 在该阶段生产活动的起讫时间必然要受到影响。而为了保证下游生产阶段活动的起讫时间要求，协作企业 A 可能需要在其下游设置调节缓存（如图 3－5 中的双点画线箭头所示），这样必然要额外支出缓存成本。尽管缓存会带来协作企业 A 成本的增加，但却可以给其带来更多的空余能力从其他协作任务中获取收益，因此这是协作成员需要权衡的一个方面。

第二，通过减少核心企业 1 的协作任务量来获取更多的空余能力，进而获取更多的其他协作任务收益。但是，从规模效应角度讲，显然同期处理任务越多，其可能带来的规模效应越大，单位处理成本越低。因此，对于协作成员而言，仍然存在如何在规模效应与空余能力之间权衡的问题。

上述问题的存在是由供应链复杂协作关系的特点决定的，尽管增加了分析问题的复杂程度，但反映了现实供应链运作的特征。在大规模定制模式下的供应链运作优化中，首要考虑的就是这几方面的优化与权衡问题。

由于协作成员需要衡量上述若干方面的关系，因此对于定制产品交货准时性的衡量可以采取如下方法。

根据图 3－5 所示，设协作企业 A 在某时刻接到核心企业配给的定制产品生产任务，该任务在该阶段处理的交货期误差容忍量为 $x\Delta t$，Δt 为单位时间。

设协作企业 A 根据同其他多个供应链网络的协作关系所确定的在该时刻的其他协作总合收益为 P_{M}：

$$P_{\mathrm{M}} = (f_{\mathrm{M1}}P_{\mathrm{MD}} + f_{\mathrm{M2}}P_{\mathrm{ME}}) - (f_{\mathrm{M3}}R_{\mathrm{MD}} + f_{\mathrm{M4}}R_{\mathrm{ME}}) \qquad (3-2)$$

式中，P_{MD} 为协作成员从其他协作任务中获取的直接收益；P_{ME} 则为其期望的间接收益；R_{MD} 为协作成员从其他协作任务中所预计的直接风险；R_{ME} 则为其预期的间接风险；f_{M1}、f_{M2}、f_{M3}、f_{M4} 为权重系数。对不同的协作关系而言，f_{M1}、f_{M2}、f_{M3}、f_{M4} 的值都有可能不同。

设协作企业 A 为实现其他协作总合收益 P_M，共需 T_M时间的产能供给。

设协作企业 A 为实现额外产能供给而必须支出的单位时间额外库存成本为 $C_A/\Delta t$。则，协作企业 A 在该时刻的总合收益由下式确定：

$$P_T = P_M + P - (T_M - x\Delta t)C_A/\Delta t \tag{3-3}$$

式中，P 为协作成员 A 接受核心企业定制任务的总合收益，该总合收益可通过式（3－2）计算得出。

从式（3－3）可以看出，定制产品任务交货期误差容忍量 $x\Delta t$ 的大小直接决定了协作成员总合收益 P_T的大小，因而可以基于此对定制产品的交货期要求程度进行判定。

3.5 协作成员类型的分类及界定

处在供应链不同阶段的协作成员企业其目标定位往往不同，且这种定位必然随着产品定制类型的不同而改变。在企业调研的基础上，本书根据重点分类定位的原则，同时主要考虑了分类方法的合理性和可操作性，建立了基于客户订单分离点（CODP）和成员间协作关系紧密度两维驱动的分类原则。

由图 3－4 可知，CODP 之前的企业更多地考虑大规模生产的特征，强调低成本；CODP 之后的企业更多考虑定制化生产的特征，强调灵活性。按照这两维进行分类，显然可以将协作成员划分为 4 种类型，如图 3－6 所示。

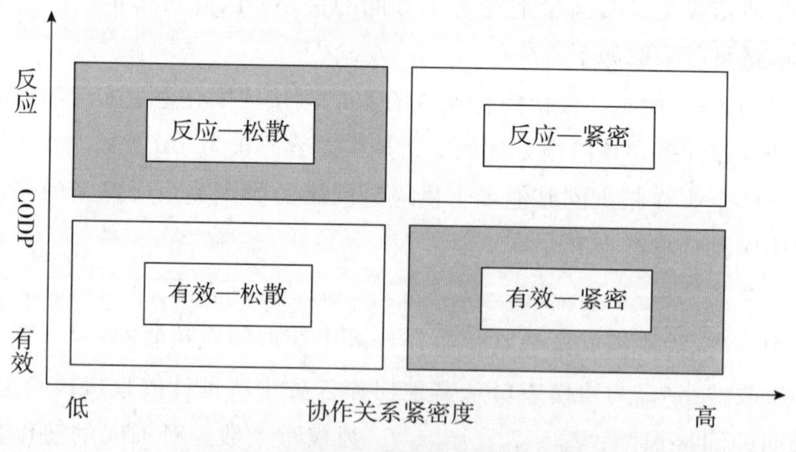

图 3－6　协作成员类型分类界定矩阵

不同类型的协作成员对供应链运作参数的敏感性是不同的。比如，有效—紧密型协作成员，必然更容易有助于核心企业构建低成本的供应链运营体系，同时更容易和核心企业形成一体化或深度战略联盟的合作伙伴关系。而反应—紧密型协作成员，必然更容易有助于核心企业构建差异化、灵活性强的供应链运营体系，同时也容易和核心企业形成战略联盟的合作伙伴关系；松散型协作成员则容易与核心企业形成一般外包的协作关系等。

3.6 协作成员目标定位主要特征因素的挖掘

由于不同的定制类型对不同类型协作成员的目标定位具有不同的影响关系，因此需要对目标定位的主要特征因素进行挖掘。本书从以下 3 个维度进行挖掘。

第一，从协作成员对协作任务的重要性判定与权衡角度定位，主要反映其参与协作的直接目的是更多地考虑短期自身收益还是供应链系统的长期发展与整体收益。

第二，从协作成员对其参与协作任务的方案合理性预期维度进行定位，主要反映其对定制协作可能带来的收益与风险价值取向。

第三，从协作成员对协作中相关资源供给的认可度角度进行定位，如从企业对协作中相关产能供给的质与量等角度进行目标定位的判定分析，主要反映其协作时针对特定定制任务的资源可得性程度、调配状况及产能风险控制程度等。

上述定位类型如图 3 -7 所示。

显然，不同类型协作成员的目标定位对其参与供应链运作的收益与风险的敏感性是不同的。比如，与其他类型相比，强烈型的协作成员目标定位必然对参与核心企业计划调度任务的重要性和方案的合理性更加认可，更容易有助于核心企业通过合理的计划调度过程实现供应链整体收益最大化，同时降低协作风险。

而低迷型的协作成员目标定位则会对核心企业的供应链运作任务产生抵触情绪，不认可协作任务的价值，对自己能否有效完成协作任务也持有怀疑态度等。这样，即便与其建立了协作关系，核心企业也需要付出更多的精力在关系协调、风险防范以及日常问题处理上。

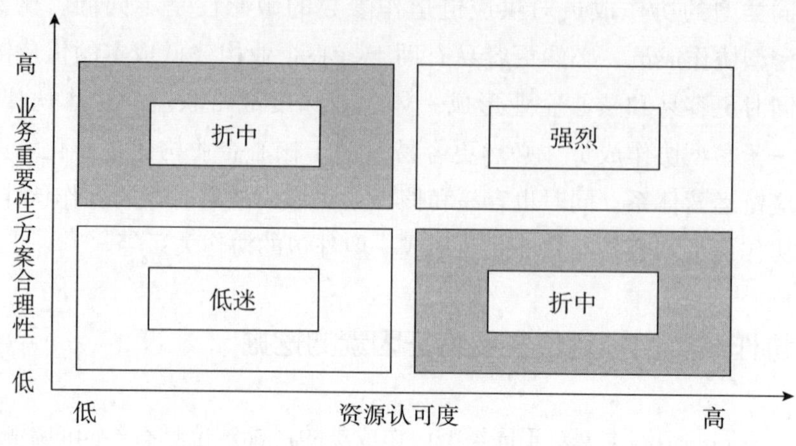

图 3－7 协作成员目标定位界定矩阵

3.7 定制类型对目标定位的影响关系

在上述研究基础上，显然可以得出如下结论：在大规模定制模式下的供应链运作过程中，不同定制类型对不同协作成员的目标定位会产生一定的影响关系，如表 3－3 所示。

通过该影响关系的界定，核心企业能够根据其定制类型的把握与判断，对定制不同阶段所需不同协作成员的目标定位状况进行初步预测与判断，从而筛选出合适的协作成员。

表 3－3　　影响关系表 1

定制产品类型			协作成员类型			
价值	个性化	交货	反应—松散	反应—紧密	有效—松散	有效—紧密
高	高	高	4	5	2	3
高	高	低	5	5	3	3
高	低	高	2	3	4	5
高	低	低	3	3	5	5
低	高	高	1	2	0	0

续表

定制产品类型			协作成员类型			
价值	个性化	交货	反应—松散	反应—紧密	有效—松散	有效—紧密
低	高	低	2	2	0	1
低	低	高	0	0	1	2
低	低	低	0	1	2	2

注：表中数字为重视程度，其中 5 为非常重视，4 为重视，3 为较为重视，2 为略为重视，1 为关注，0 为不关注。

从表 3－3 的影响关系可以看出，对于反应—松散型的协作成员，由于其与核心企业的关系不如反应—紧密型成员紧密，因此对于较有吸引力的高价值、高个性化程度定制产品任务的生产，交货期要求的严格程度可能同样是影响该类协作成员参与意愿的重要方面。

3.8　目标定位对供应链运作的影响关系

在不同定制类型下，不同协作成员的目标定位对供应链的运作具有不同的影响关系。一般来讲，对相同的产品生产过程而言，不同协作成员的生产成本、生产时间窗、生产能力以及协作风险等因素都有可能存在很大差异；即便是同一个协作企业，由于其参与相同生产过程的协作时间不同，其可用产能、单位成本、生产时间窗以及生产风险等都有可能不同。这些因素将直接受到各协作成员目标定位的影响，直接反映协作成员在供应链运作过程中的可能的信息状况，是核心企业进行供应链运作所需考虑的重要因素。

不同协作成员目标定位对供应链的运作的不同影响关系如表 3－4 所示。

表 3－4　　影响关系表 2

意愿类型	定位参数			运作参数			
	业务重要性	方案合理性	资源认可度	生产成本	起讫时间	产能供给	协作风险
强烈	高	高	高	低	准时	充沛	小
折中	高	高	低	折中	折中	折中	折中

续表

意愿类型	定位参数			运作参数			
	业务重要性	方案合理性	资源认可度	生产成本	起讫时间	产能供给	协作风险
较强烈	高	低	高	较低	较准	较充沛	较小
较低迷	高	低	低	较高	较不准	较不足	较大
较强烈	低	高	高	较低	较准	较充沛	较小
较低迷	低	高	低	较高	较不准	较不足	较大
折中	低	低	高	折中	折中	折中	折中
低迷	低	低	低	高	不准	不足	大

3.9 定位关系引导下的供应链运作模式

如何将上述影响关系应用于核心企业对供应链的运作过程，使核心企业能够在运作之前增强对协作成员相关信息的把握程度、提高资源利用效率、降低协作风险是本研究的目的所在，而有针对性地建立不同的供应链运作模式，是实现这一目的的重要环节。

核心企业构建运作模式时的信息传递流程如图 1 -3 所示。

设计供应链运作模式所需解决的核心问题是如何根据不同的定制类型以及核心企业的收益与风险偏好对参与或潜在参与运作的协作成员（如已签订长期或短期非定额合同、未签合同而已有协作意向以及处于核心企业潜在协作市场中的成员等）进行动态筛选和整合的问题。在此基础上，再进行具体计划调度优化目标的设定以及调度过程的实施，可以有效减少运作的盲目性，降低生产与协作风险，平衡供应链整体收益与个体收益之间的冲突。

通过运用基于协作成员目标定位的大规模定制模式下的供应链运作模式，将使得实施大规模定制的核心企业在准确把握定制类型与协作成员参与目标定位关系的基础上，能够采取有效的运作模式保证所需资源的合理配置与优化，使得各参与调度的企业对大规模定制模式下的供应链运作过程有更加深入的了解，对参与供应链运作的相互关系有更加明确的认识，这些为降低协作成员之间的信息传递障碍、提升信息交流的透明度、使协作双方更好地决策提供了一定的便利。进而，各协作成员可以通过定位目标的调整获得最大的自身收益，同时也保证了供应链整合经济效益的最大化。

3.10 本章小结

作为对基于协作成员目标定位的大规模定制模式下供应链运作理论的探索性研究，本章基于理论研究与企业实践调研，重点分析了大规模定制模式下供应链运作过程中协作成员定位的若干相关问题。

本章重点在定制类型的分类及界定、协作成员类型的分类及界定、协作成员目标定位主要特征因素的挖掘、定制类型对目标定位的影响关系、目标定位对供应链运作的影响关系以及协作成员目标定位关系引导下的供应链运作模式等几个方面进行了讨论，为后续章节中构建基于协作成员目标定位的大规模定制模式下的供应链运作模式进行了基础研究铺垫。

4 基于成员目标定位的供应链运作收益与风险

4.1 本章引言

供应链运作的成功与否，在很大程度上取决于供应链协作成员之间能否进行有效的沟通，以实现信息的充分共享。而协作成员信息共享的前提是成员之间各自认可的协作收益与风险关系。显然，协作成员对其协作收益与风险的权衡是供应链协作关系得以建立的基础，而对协作收益与风险的认识，离不开各成员对自身目标定位的判断。

本章从供应链协同中的问题入手，通过分析供应链协同及协同效应，引出供应链协作成员在协作中的协作收益问题。由于供应链关系的特殊性，协作收益不仅表现为短期协作收益，在某种程度上更多地表现为获取的协作中的长期收益（主观预期协作收益），因此有必要对协作成员的协作短期和长期综合收益的偏好进行分析，收益偏好决策正是将该收益问题引入供应链运作决策的重要途径。与之类似，协作风险也是供应链成员在协作时应该考虑的重要方面。

在此基础上，本章研究了大规模定制模式下基于目标定位的收益偏好以及供应链协作风险问题，对定制类型、成员目标定位以及协作收益与风险等要素之间的关系进行了分析，这些都是后文中进行基于协作成员目标定位的大规模定制模式下供应链运作优化的先导性分析。

4.2 供应链协同中的问题

供应链体系有效运作的实现是建立在供应链协同（Supply Chain Coordination，SCC）基础之上的。企业协同是指两个或两个以上的企业为了实现某种战略目的，通过公司协议或联合组织等方式结成的一种网络式联合体；供应链协同（姚建明，2009）是指产品或服务从原材料的供应开始，在向需求方移动的过程中，通过供应链中各个环节的共同努力，能创造出大于各环节价值简单总和的整体价值的一种关系。供应链协同关系常由供应链契约关系所反映。

供应链协同的作用在于发挥协同效应。协同效应是组织整体的价值大于其各独立组成部分价值的总和，作为协同体系中的一个企业比作为一个单独运作的企业能够取得更高的赢利能力。罗伯特·巴泽尔和布拉德利·盖尔（2000）认为协同创造价值的方式主要有 4 种：①对资源或业务行为的共享；②市场营销和研究开发的扩散效益；③企业的相似性；④对企业形象的共享。供应链协同可以通过上述方式获得协同效益。

然而，在供应链协同中，协同效应发挥作用的程度在很大程度上取决于两个方面：一是在供应链运作中如何合理权衡供应链系统总体效益（系统目标）与各协作成员自身利益之间的矛盾；二是如何衡量供应链整体运作风险与各协作成员自身风险之间的关系。

如果将供应链系统视为一个组织，则上述两个方面的矛盾关系将反映在组织中控制与授权之间的矛盾上。如果加大系统控制力度，必然减弱供应链运作的灵活性和机动性；而如果过分强调授权的作用，将会给供应链总体目标的实现造成困难。其原因主要在于供应链协作成员存在潜在的机会主义可能性，存在成员之间目标差异性引发的潜在信任危机。如果完全授权，将使得供应链组成各方难以建立时间性的共同战略目标，从而加大供应链管理的难度，增加代理成本。为了实现控制和授权之间关系的处理效率，使协同效应的作用得到较好的发挥，一些先进的控制系统已在供应链协同中进行了应用，如多智能体系统（Multi Agent System）等。

通过以上分析可知，在供应链运作过程中，必须站在供应链系统整体目标和各协作成员自身收益和风险满意水平合理权衡的基础上，对运作过程进行优化，以努力发挥供应链协同效应的作用。

4.3 协作成员的收益偏好

由上述分析可知，权衡供应链系统整体收益和各协作成员自身收益满意水平是发挥供应链协同效应至关重要的方面之一。在大规模定制模式下的供应链运作过程中，供应链系统整体目标和各协作成员自身收益之间的矛盾将体现在多个方面，因此，有必要对供应链的收益偏好问题进行分析。

为了更加清楚地阐述供应链协作成员收益偏好的运作机理，这里举一个简单的例子进行说明。在分析之前，需对该例设定如下。

（1）图 4－1 为一个多关联供应链网络体系。该体系由 3 个相对独立的供应链构成，分别表示为：主供应链网络（Main Supply Chain，MSC）、供应链网络Ⅰ（Supply Chain Ⅰ，SCⅠ）和供应链网络Ⅱ（Supply Chain Ⅱ，SCⅡ）。

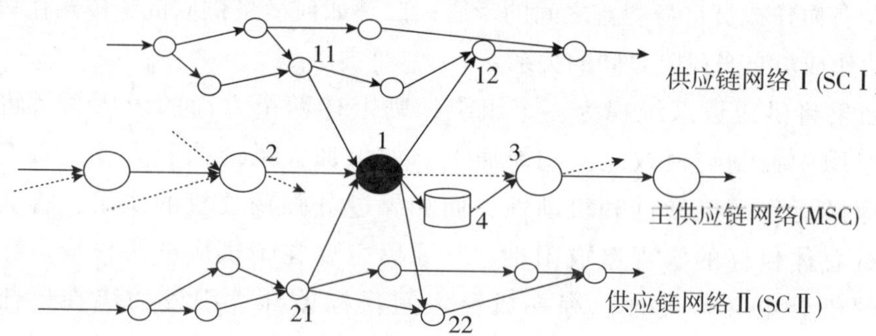

图 4－1　供应链复杂协作关系示意

（2）上述 3 个供应链网络是按某一项定制生产或主导行业生产活动的性质动态划分的。在现实中，由于有遍布全球的协作关系存在，很难完全界定供应链网络的边缘和其相互之间的界限。

（3）各供应链网络之间具有动态协作关系。

（4）设主供应链网络（MSC）为一个在某时间段内从事大规模定制生产活动的供应链体系；供应链网络Ⅰ（SCⅠ）及供应链网络Ⅱ（SCⅡ）为具有近似生产功能的网络体系，因而三者之间有可能存在生产的交叉协作关系。

（5）为了提升客户的定制化服务满意水平要求，主供应链网络（MSC）上的定制生产任务应满足准时交货要求。

（6）对主供应链网络中的各个协作成员而言，主供应链网络（MSC）上的定制生产任务具有最高生产优先权。

现以 MSC 上的节点 1 为分析对象：设在某时刻 t，它和 MSC 上的协作成员 2、3 有生产协作关系，和 SCⅠ上的 11、12，SCⅡ上的 21、22 可能有生产协作关系。

然而，由于有协作供应关系的制约，节点 1 必须在完成主供应链生产任务的基础上，才能考虑与其他供应链网络进行合作。因而，对于节点 1，在进行协作决策时，均需对不同协作关系所带来的满意效用进行收益偏好权衡，以确定其协作关系。

举例来说：假设按照 MSC 的任务计划，在 t 时刻节点 1 应接受 MSC 中由上游节点 2 传递来的定制产品某特定加工任务，并为了满足最终客户交货期满意水平的要求，需要在时刻（$t+\Delta t$）将加工后的产品送到节点 3 继续加工。如果在 t 时刻，SCⅠ中的节点 11 出于某种因素考虑，想要通过业务外包的形式同 MSC 上的节点 1 进行合作，其生产任务所占节点 1 的生产时间为 $\Delta\tau$（设 $\Delta\tau<\Delta t$）。显然，$\Delta\tau \geqslant \Delta t$ 的情况与之在分析方法上类似，但由于主供应链网络 MSC 上的定制生产任务具有最高生产优先权，因此对节点 1 而言，如果 $\Delta\tau>\Delta t$，将使主供应链网络定制生产任务因达不到生产能力约束关系而无法按期完成。当然这种情况下节点 1 不会接受节点 11 的生产任务。

同时，设节点 1 对节点 11 业务进行生产的相关收益为 P_{out}。

另外，出于生产能力的限制，节点 1 为完成节点 11 的生产任务必须拥有足够的空余生产能力。因而，节点 1 可以通过压缩 MSC 原任务计划的生产时间 Δt 到 Δt_1（压缩可以通过提高生产效率、提高生产设备运行时间、加班生产等方式实现）以扩大其空余生产能力水平，从而实现对节点 11 的生产合作。但为了保证 MSC 上定制产品交货的准时性，必须将原产品放于额外库存 4 进行缓存，缓存时间为（$\Delta t-\Delta t_1$）。直到（$t+\Delta t$）时刻到来时将产品送到节点 3 继续加工。

由于节点 1 占用额外库存 4，需要一定的支出成本，设单位支出成本为 $C_{out}/\Delta T$，则节点 1 的总额外库存支出成本为：

$$C_{ext} = (\Delta t - \Delta t_1) C_{out} / \Delta T。$$

很明显，如果对 MSC 中的节点 1 而言，有 $P_{out} > C_{ext}$，则节点 1 的满意收益偏好选择行为将有可能是通过压缩生产时间来接受 SC Ⅰ 中节点 11 的生产任务。

从另一个角度讲，即使在 $P_{out} < C_{ext}$ 的情况下，而不论是从以往合作经验还是从未来合作的预期来讲，如果 MSC 中的节点 1 认为本次针对 11 的合作可以给其带来未来合作的预期收益，则只要该预期收益能够达到其满意的水平，该节点 1 也有可能偏好于选择和节点 11 进行合作。

4.4 协作成员的收益偏好决策

上述节点 1 的选择行为是出于其当前和长远收益角度权衡后作出的，因而这里称这一过程为收益偏好决策过程；节点 1 对上述同节点 11 合作与否两个方面的主观认可取向称为收益偏好（Profits Preference）（姚建明，2009），显然，收益偏好决策过程的实施是以收益偏好为基础的。

由于对于一个供应链体系而言，其中的任何一个节点都有可能存在类似的收益偏好选择情况出现，对供应链参与生产的各协作成员而言，其对某一定制生产任务最终的偏好决策将取决于其主观总合收益同客观总合收益的加权总合收益。权重将由协作成员通过考虑当时的客观协作总合收益情况和其主观预期期望总合收益情况来确定，具有不同主观风险取向的协作成员将确定不同的决策策略与结果。

从经济学角度讲，“总合收益”是协作成员考虑主、客观收益之后的总合评价因素（如企业收益、远景收益以及顾客忠诚度、供应链稳定性及协同性等带来的总合收益），最终将依赖其主观评定进行决策。“总合收益”同“效用”均具有主观偏好的成分，但前者更强调“企业的整体效益”，易于对多个因素进行综合评定。

因此，这里需要从多个角度和多个影响偏好的因素来研究。

对于影响收益偏好决策的因素而言，大体上可将其划分为两类，即主观因素和客观因素。主观因素是指协作成员进行收益偏好决策时的一种主观期望行为，具有一定的预期性与风险性；客观因素则完全是基于当时的收益角度出发进行衡量与考虑，具有更大的现实性与实在性。讨论如下。

（1）设供应链网络中任一节点 i 在 t 时刻有任务计划，确定其该阶段任务生产时间为 Δt ，并要求在（$t + \Delta t$）时刻将生产后的产品送到下游节点继续生产。

（2）设 t 时刻，节点 i 同其他供应链网络中某节点 j 进行协作生产，生产时间为 $\Delta \tau$（为讨论方便，假设有 $\Delta \tau < \Delta t$ ），生产收益为 $P_{\text{out. }ij}$ 。

（3）设节点 i 为完成节点 j 的生产任务而压缩主任务计划生产时间 Δt 到 Δt_j，在额外库存的缓存时间为（$\Delta t - \Delta t_j$）。

（4）设节点 i 额外库存的单位支出成本为 $C_{\text{out. }ij}/\Delta T$ ，总额外库存支出成本为 $C_{\text{ext. }ij} = (\Delta t - \Delta t_j) C_{\text{out. }ij}/\Delta T$ 。

（5）设节点 i 在 t 时刻对节点 j 的主观预期收益为 $S_{\text{E. }ij}$ ，客观现实收益为 $S_{\text{V. }ij}$ ，则 $S_{\text{V. }ij} = P_{\text{out. }ij} - C_{\text{out. }ij}$ 。

则在单独考虑收益情况（即不考虑协作风险的影响）下有如下几种情况。

（1）$S_{\text{V. }ij} > 0$ ；$S_{\text{E. }ij} = 0$ 或 $S_{\text{E. }ij} > 0$ 。此时，i 将选择与 j 合作。

（2）$S_{\text{V. }ij} < 0$ ；$S_{\text{E. }ij} = 0$ 。此时，i 将选择不与 j 合作。

（3）$S_{\text{V. }ij} < 0$ ；$S_{\text{E. }ij} > 0$ ；$S_{\text{V. }ij} + S_{\text{E. }ij} > 0$ 。

此时，i 与 j 合作与否除了取决于 i 对预期收益的认可程度以外，还将重点考虑对预期协作风险的估量，这一点将在本章后文中讨论。

4.5 协作成员的主观预期协作收益

由上述分析可知，在供应链协作成员对自己的协作收益偏好进行决策时，其对协作的预期收益值是非常重视的。对于不同的协作成员，其对某一次协作的预期收益都有可能不同。这取决于很多因素，比如，假设企业 A 同企业 B、C 的每次协作收益均相同，但由于有客观情况的存在，A 只能与 B 协作 5 次，而 A 可以和 C 无限制地合作下去。在这种情况下，A 对 B 的预期收益必然小于对 C 的预期收益。因而，在其他条件不变的情况下，预期协作次数是影响预期收益的主要因素。为了从定量的角度分析供应链协作成员某次协作的预期收益，这里以其预期协作次数为自变量，以预期收益的期望值为因变量，分几种情况进行讨论。

为讨论方便，假设在未来的 n 次协作中每次的客观收益均相同。也就是说，如果不考虑其他因素的影响，预期收益与预期协作次数成正比关系变化。然而事实上，供应链的协作关系非常复杂，而且在某种情况下还可能出现协作的链式反应预期收益（指通过与某协作成员的一次或多次协作过程而扩大同其他协作成员进行协作范围的一种连锁反应预期收益）（姚建明等，2005），因而其关系并非是完全线性的。讨论如下。

（1）当企业 i 与某协作成员 j 本次协作之后对其预期协作次数有 $0 \leqslant n < 1$ 时，显然 i 认为今后不会再与 j 进行协作，因而预期收益 $S_{E.ij}(n)$ 为 0。

（2）当预期协作次数 $n = 1$ 时，则企业 i 认为今后会再与协作成员 j 协作 1 次，设其预期收益 $S_{E.ij}(n)$ 为 S_1 。

（3）当预期协作次数 n 在某一临界次数 n_0（一个较小的数）之内时，由于此时企业 i 对协作成员 j 的期望协作次数少，发生链式预期收益的可能性较小，因而可近似以正比关系来描述。

（4）当预期协作次数大于 n_0 时，随着企业 i 对协作成员 j 预期协作次数的增加，其预期的链式协作收益将不断增加。在这里选取指数函数关系来近似描述该收益规律，即企业 i 对协作成员 j 的预期链式收益为：

$$S_{E.chain}(n) = S_{n_0} + e^{n-n_0} \qquad (4-1)$$

（5）当 $n_\tau < n < n_m$ 时，由于有主观期望接受度的限制，当企业 i 对协作成员 j 的预期链式收益达到某一临界值（$S_{n_\tau} - n_\tau$）时，必然表现为对相关链式收益期望的缓解。这与收益期望主体的心理期望阈值理论是一致的，同时也符合一定的客观规律。此时可以由对数关系近似描述，即企业 i 对协作成员 j 的预期链式收益为：

$$S_{E.chain}(n) = S_{n_\tau} + \ln(n - n_\tau) \qquad (4-2)$$

（6）当 $n = n_m$ 时，企业 i 对协作成员 j 的预期收益达到极限点 S_{max} ，此为企业 i 对协作成员 j 的预期收益最大值，反映了预期收益的有限可接受性，从而在一定程度上避免了主观盲目性。

（7）协作成员的期望收益经过一段时期的稳定之后（$n_q \sim n_m$），必将遵循自然界客观事物的发展规律而逐步下降，此时可选取指数函数关系来近似描述：

$$S_{E.chain}(n) = S_{max} - e^{n-n_q} \qquad (4-3)$$

对上述各种情况的分析进行总结，可以由式（4－4）所示的函数关系近似描述其主观预期收益在不同情况下的变化趋势。相应的关系描述曲线如图4－2所示。

$$S_{E.ij}(n)=\begin{cases}0 & 0\leqslant n<1\\ S_1 & n=1\\ S_1+n-1 & 1<n<n_0\\ S_{n_0} & n=n_0\\ S_{n_0}+e^{n-n_0} & n_0<n<n_\tau\\ S_{n_\tau} & n=n_\tau\\ S_{n_\tau}+\ln(n-n_\tau) & n_\tau<n<n_m\\ S_{max} & n_m\leqslant n\leqslant n_q\\ S_{max}-e^{n-n_q} & n>n_q\end{cases} \tag{4-4}$$

式（4－4）中各参数意义已在上述分析中说明。

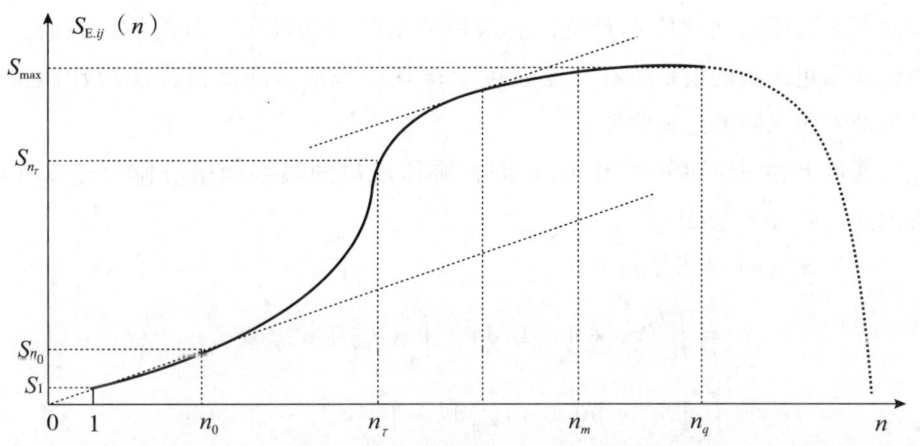

图4－2 供应链协作成员的预期收益关系描述

基于以上分析可知，协作成员的期望协作收益将根据其预期的期望收益截止时间（截止协作次数）而发生变化。设协作成员的预期期望收益截止协作次数为 n_d。一般来讲，有 $n_d>n_q$成立，如图4－3所示。

当然，根据各协作成员的不同发展及战略定位，期望收益截止协作次数

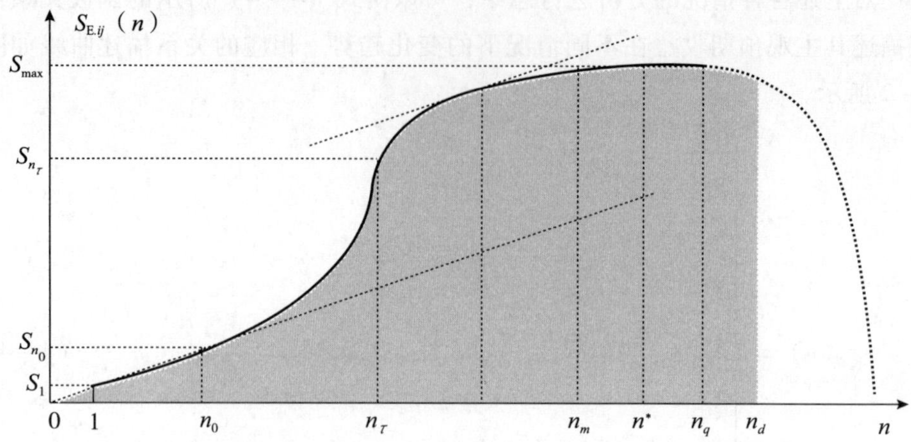

图 4-3 协作成员总合期望收益

也可能属于其他区间。例如，某协作成员在其协作规划时将获取期望收益的终结次数设定在图 4-3 中 n^* 所示位置，显然其所对应期望收益还未达到该个体的预期最大值，但由于该个体已认定在 n^* 必将发生大的内外部环境变动而使其无法继续获得协作收益，故这种终结时刻的设定是合理的。因而，期望收益截止次数的设定将在一定程度上体现协作成员战略目标的特殊性及其对预期协作风险的把握程度。

通过上述讨论可知，当 $n_d>n_q$ 时，协作成员的最终期望协作收益 $S_E(n)$ 将由式（4-5）决定：

$$S_E^*(n) = S_E(n) \mid_0^{n_d}$$
$$= \int_0^{n_0}(S_1 + n - 1)\mathrm{d}n + \int_{n_0}^{n_\tau}(S_{n_0} + \mathrm{e}^{n-n_0})\mathrm{d}n +$$
$$\int_{n_\tau}^{n_m}[S_{n_\tau} + \ln(n-1)]\mathrm{d}n + \int_{n_q}^{n_d}(S_{max} - \mathrm{e}^{n-n_q})\mathrm{d}n \qquad (4-5)$$

其他情况下，即当 $n \in (1,n_0]$、$n \in (n_0,n_\tau]$、$n \in (n_\tau,n_m]$、$n \in (n_m, n_q]$ 时，资源个体的最终总合期望收益可依此类推。

4.6 协作成员收益偏好满意度

对于供应链中的任何一个协作成员而言，其作的每一项协作决策均是在符合其基本利益基础上，使收益满意水平最大化的。在这一方面，效用是表达满意度的一种传统手段。传统的效用曲线按其主观风险规避的类型划分可分为风险规避型、风险中性型和风险偏好型。这对于本章中协作成员的收益期望也有类似的反映。协作成员收益偏好满意度的构造，应是主观期望收益满意度同客观收益满意度的加权组合，即：

$$U = w_{obj}U_{obj} + w_{sub}U_{sub} \tag{4-6}$$

式（4－6）中，U、U_{obj}、U_{sub} 分别为某时刻协作成员协作的收益偏好满意度、客观协作收益偏好满意度和主观协作收益偏好满意度。

w_{sub} 和 w_{obj} 为主、客观协作收益偏好满意度的权重，有关系 $w_{sub} + w_{obj} = 1$ 成立。w_{sub} 和 w_{obj} 的值由协作成员综合考虑该时刻供应链的内、外部环境因素和主、客观因素予以确定。在对 w_{sub} 进行决策的诸多影响因素中，协作成员对预期协作收益的信任度 D 以及对预期协作风险的规避度 B 是比较重要的，如式（4－7）所示：

$$w_{sub} = K(w_D D + w_B B) \tag{4-7}$$

式（4－7）中，K 为转换系数。

又由于协作成员的客观协作收益偏好满意度 U_{obj} 和主观协作收益偏好满意度 U_{sub} 主要是通过主观预期协作收益 S_E 和客观预期协作收益 S_V 反映的，因而协作成员的收益偏好满意度也可表示为：

$$U = w_{obj}U_{obj} + w_{sub}U_{sub} = w_{obj}\alpha S_V + w_{sub}\beta S_E \tag{4-8}$$

式（4－8）中 α、β 均为转换系数。

以上讨论了供应链中协作成员的协作收益偏好问题。将协作成员的协作收益偏好思想引入大规模定制模式下的供应链运作过程，主要体现在以下两个约束关系中：一是体现在供应链计划调度优化目标函数中的供应链系统协作收益最大化关系；二是体现在约束条件中的协作成员收益偏好满意度约束关系。该问题将在本书第 7 章中论述。

4.7　基于目标定位的收益偏好

第 3 章指出，在不同定制类型下，不同协作成员的目标定位对供应链的运作具有不同的影响关系。一般来讲，对相同的产品生产过程而言，不同协作成员的生产成本、生产时间窗、生产能力以及协作风险等因素都有可能存在很大差异；即便是同一个协作企业，由于其参与相同生产过程的协作时间不同，其可用产能、单位成本、生产时间窗以及生产风险等都有可能不同。而这些因素将直接受到各协作成员目标定位的影响，直接反映协作成员在供应链运作过程中的可能信息状况，是核心企业进行供应链运作所需考虑的重要因素。同时，第 3 章还在表 3 – 4 中对协作成员目标定位和影响关系进行了研究。协作成员的目标定位同协作收益之间的关系如表 4 – 1 所示。

表 4 – 1　　　　成员目标定位同协作收益的关系

意愿类型（目标定位）	现实收益 + 期望收益
强烈	高
较强烈	较高
折中	折中
较低迷	较低
低迷	低

4.8　供应链协作风险分析

从系统价值理论角度讲，实现大规模定制模式下供应链运作的关键在于对某定制生产活动对应的协作成员进行系统整合，并实现定制任务的合理调配，在满足协作成员价值增值满意水平的前提下，实现供应链系统运作的价值优化及增值。

显然，在供应链运作优化过程中，不论是对协作成员进行整合、改良、任务配给还是对其进行组织、管理、协调及控制活动，除了要考虑如何提升协作成员收益以外，如何控制协作风险无疑是另一个需要考虑的重要问题。通过企业实践调研发现，供应链协作成员之间的协作风险可能来自多个方面，可将其总结并归纳为主要的 4 类风险（姚建明，2013a），如表 4 – 2 所示。

表4－2　　供应链协作中的主要风险示例

协作的主要风险	协作风险的含义	具体表现示例	风险对供应链运作的影响程度
履约风险	因协作成员的不完全履约行为给供应链系统整体带来的运营风险	完全不履行合同；履约率不足100%；更改契约条款等	对短期收益影响：较大 对长期收益影响：适中
信息风险	因协作成员的不完全信息共享行为给供应链系统整体带来的运营风险	有利的信息不公开；有害的信息不公开；信息公开程度打折扣；信息公开比例不高等	对短期收益影响：较大 对长期收益影响：较大
战略风险	因协作成员的战略目标与供应链系统的战略目标冲突给供应链系统整体带来的运营风险	短期战略目标不同；长期战略定位存在差异；战略目标完全相悖等	对短期收益影响：适中 对长期收益影响：较大
融合风险	因协作成员的硬环境因素或软环境因素等与供应链系统整体融合度不够给供应链整合带来的运营风险	协作成员之间的文化差异较大；协作成员之间的人员构成差别较大；协作成员所处的环境差异较大等	对短期收益影响：较小 对长期收益影响：较大

通过表4－2可以看出，不同的协作风险对供应链运作的短期收益与长期收益影响程度是不同的。大规模定制模式下的供应链运作决策，必须根据某特定定制生产活动所需的资源特点进行综合考虑与评判。

比如，对某短期生产活动的协作成员（如大规模定制产品物流活动所需的第三方物流企业成员）而言，供应链协作风险的重点应放在对短期收益具有较大影响的风险因素上；而对某长期生产活动的协作成员（如戴尔定制产品的长期供应商）而言，则必须从协作后供应链的短期收益与长期收益两个方面看待协作的风险问题。显然，短期的成员协作更应关注协作的履约风险与信息风险，而长期的协作则更应关注协作的战略风险与融合风险。特别是通过海外并购进行成员协作时，如何抵御因双方文化无法融合而产生的风险，是一个重要的战略问题。

在本书后文的运作优化过程中，除了考虑协作成员的协作收益以外，将重点引入供应链协作风险作为另一个优化目标，并将通过设定不同优化目标的权重来灵活调节各目标之间的均衡关系，从而调节各优化目标在影响大规模定制模式下供应链运作中的作用，以使决策优化过程更好地贴近实际。

选择不同的协作成员参与供应链运作，对供应链系统而言将产生不同程度的综合风险。该综合风险决定于各类不同的协作风险（如本章提出的4类风险）及其对应的权重关系。

核心企业在进行供应链运作优化之前，必须通过详尽的调研获取不同协作成员参与运作后可能出现的风险状况，从而进行合理决策。具体操作时，核心企业针对每一类风险类型都应根据具体的待处理定制生产活动特征设定详细的、具有可比性和可操作性的评价指标，并根据不同运作阶段的要求对指标设定权重，对各协作成员进行不同风险项目下的量化评价。

4.9 基于成员目标定位的供应链协作风险

第3章指出，在不同定制类型下，不同协作成员的目标定位对供应链的协作风险具有不同的影响关系。一般来讲，对相同的产品生产过程而言，不同协作成员的合作意愿类型会在不同的风险类型上产生差异，如表4-3所示。显然，短期合作意愿会对履约风险和信息风险产生直接影响关系，而长期合作意愿则会对战略风险和融合风险产生直接影响关系。

表4-3　　不同协作成员目标定位对供应链风险的关系

短期合作意愿类型	协作风险	风险类型	
		履约风险	信息风险
强烈	低	低	低
较强烈	较低	较低	较低
折中	折中	折中	折中
较低迷	较高	较高	较高
低迷	高	高	高

续表

长期合作意愿类型	协作风险	风险类型	
		战略风险	融合风险
强烈	低	低	低
较强烈	较低	较低	较低
折中	折中	折中	折中
较低迷	较高	较高	较高
低迷	高	高	高

4.10 本章小结

作为供应链运作的核心内容之一，本章在分析制约供应链协同效应作用发挥的因素基础上，指出了在供应链协同过程中应在不失系统性的前提下强调协作成员的运作独立性和自主性，指出了成员协作收益偏好决策和协作风险分类分析的重要性。

收益偏好决策是供应链协作成员进行协作时必然要考虑的重要方面。为了全面反映协作成员的可能协作收益，本章基于协作成员的现实协作收益与预期主观协作收益进行了分析，构建了协作收益偏好决策方法。

为了全面反映协作成员在协作过程中可能的风险问题，本章分析了供应链协作中的4种主要风险，并对其进行了基本总结。

基于上述协作收益与协作风险的分析，本章还阐述了基于协作成员目标定位的收益与风险问题。这是后文中研究大规模定制模式下供应链运作优化的重要前提。

5 基于成员目标定位的 MC 模式下供应链资源整合机理

5.1 本章引言

供应链资源整合得是否合理、有效决定着供应链运作能否成功实施。由第 2 章分析可知，大规模定制模式具有显著的需求信息不确定性特征，因此要求供应链资源整合的灵活性必须非常显著，这对供应链资源整合提出了更高的要求。

长期以来，供应链资源整合普遍面临的问题无疑主要体现在如下几个方面，即如何衡量整合投入成本与产出收益大小、如何平衡整合后收益与风险大小以及如何协调整合的局部与系统全局的冲突问题。而一直以来，针对供应链资源整合的研究也多集中于定性的讨论与分析阶段，涉及定量的研究非常少。这一方面是因为供应链资源整合所涉及内容较多，资源之间关系复杂；另一方面则是因为资源整合的统一衡量标准有待深入探讨。

但是，供应链资源整合过程毕竟是一个复杂的系统性问题，整合效率的高低、整合结果的好坏，直接决定着供应链运作水平与运作绩效的好坏。因此，有必要对供应链的资源整合问题进行深入的定量分析。特别是在大规模定制模式下，如何满足不同客户的多样化需求给供应链运营系统提出了挑战，定量的研究将有利于供应链运作系统的有效优化与效率提升。

基于此，本章将研究基于成员目标定位的 MC 模式下供应链资源整合决策问题。本章以供应链资源整合中的主导因素挖掘作为问题分析的入手点，这是因为主导因素是核心企业进行资源整合时评判各资源个体是否符合整合要求的主要方面。由于不同资源个体具有不同的目标定位，不同的目标定位必然对该资源参与整合协作的运作过程产生不同程度的影响，这些影响也将部分地体现在整合的主导因素之中。因此，在进行资源整合时，核心企业可以根据整合资源的目的，对资源个体基于其自身目标定位的各主导因素运作状况进行分析，并针对各因素提出可接受的运作标准，并以此来综合判断整合个体的整合适宜度。在此基础上，才能建立基于成员目标定位的大规模定制模式下供应链资源整合决策优化模型与对应的求解算法。

5.2 供应链资源整合

众所周知，在复杂多变的市场及经济运行环境下，供应链资源整合无疑是企业实现业务外包、提升核心竞争力和风险抵抗力、拓展协作领域的重要手段。供应链资源整合是一个系统论的概念，就是要通过对供应链系统的构建、组织与协调，把系统内部彼此相关而又分离的职能以及系统外部参与共同使命同时拥有独立经济利益的个体整合为一个高效运作的体系。整合的目的是在提升客户对产品或服务需求的满意水平前提下，提高供应链系统的整体运作效率和各协作成员的收益水平，同时降低风险（姚建明，2013a）。

可以说，资源整合的关键在于“整”，也就是说，将资源放到一起并不是完成了整合工作，理顺了资源之间的关系也不等于完成了整合工作，只有从全局性和系统性的角度出发理顺资源之间的关系，使之发挥出1加1大于2的协同效用，才能认为实现了资源整合。所以，供应链资源整合的关键在于从供应链系统整体角度对所拥有的资源进行关系的重新搭建，发挥出整个供应链网络的协同价值。

5.3 供应链资源整合中的问题

由于供应链资源种类多、关系复杂，如何通过资源整合更好地提升客户对产品或服务的需求水平，解决整合的系统整体收益与资源个体收益之间的矛盾，平衡整合收益与风险之间的相悖关系，已成为资源整合中的重要问题。

长期以来，供应链资源整合过程普遍受制于“如何合理处理客户对产品或服务的满意水平、资源整合成本与系统整合后运营收益三者之间的悖论关系”（姚建明，2013a）。

因此，探索如何对复杂的供应链资源进行合理、高效的整合、运作与监控，在满足客户个性化产品或服务需求水平的前提下实现供应链系统各成员的当前与长远收益最大化、降低整合风险是一个必须解决的课题。

5.4 资源整合过程中的主导因素

由于供应链资源整合的关键是对各类供应链资源的适用性进行分析与判断，而对资源的分析与判断必须要有明确的判断标准，这就要求作为资源整合主体的核心企业能够首先挖掘出判断资源整合适宜度的主导因素。所以，挖掘主导因素是进行供应链资源整合合理决策的关键。

主导因素是反映和体现供应链资源整合运作水平的决定性因素，也是投入资源整合成本的主要对象和对整合水平进行定量评判的基本因素。因此，应在整合运作机理分析的基础上，从系统性原理角度出发，从决定供应链系统及系统资源个体（即构成供应链系统资源的最小组成部分）运行水平的硬环境因素与软环境因素两个方面进行主导因素的挖掘，注重主导因素的系统性、全面性、代表性和针对性。同时，在实际运作过程中，应基于长远收益目标考虑诸因素（如个体信誉度、品牌的整合价值、个体在市场中的地位、个体的抗风险性、链式收益水平等（姚建明等，2005））以及协作个体必须满足的基本约束条件等方面进行实际调研，以使资源整合过程的复杂性得到充分体现，使挖掘出的主导因素结果更趋于合理。

针对某一特定的生产服务活动，由于可能参与整合活动的不同协作个体彼此之间的自身状况存在差异，因而对不同个体的硬环境与软环境因素运作水平提升所需投入的改善成本不同。而不同的改善成本必将导致供应链资源整合成本高低的不同，这是供应链资源整合决策时必须首先考虑的。同时，在实际的运作过程中，还需基于长远收益目标考虑其他因素对整合的影响，而协作个体必须满足的基本约束条件也非常重要，如表 5 - 1 所示。

表 5－1　　　　　　　资源整合的主要决定性因素举例

<table>
<tr><th colspan="2">资源整合的决定因素</th><th>涵盖的主要内容</th></tr>
<tr><td rowspan="2">主导因素</td><td>软环境因素</td><td>管理方式、组织结构、业务流程等调整的难易程度及相关的调整成本的高低</td></tr>
<tr><td>硬环境因素</td><td>资源彼此之间物资流、资金流、信息流等接口的衔接顺畅程度及其相关优化成本的高低</td></tr>
<tr><td colspan="2">辅助因素</td><td>基于长远收益目标考虑的因素（如个体的信誉度、该品牌的整合价值、个体在市场中的地位、个体的抗风险性、链式收益水平等）</td></tr>
<tr><td colspan="2">基本约束关系</td><td>必须满足：（1）生产能力约束关系；（2）生产的时限性约束关系；（3）生产的质量约束关系；（4）生产活动的诚信度约束关系；（5）生产的收益约束关系；（6）生产的风险约束关系等</td></tr>
</table>

在此基础上，可以通过基于各硬环境因素和软环境因素的运作水平衡量与评价来对资源整合的投入与产出关系进行分析，并对供应链资源整合过程的运作水平进行合理控制。

供应链资源整合的实质就是要在资源整合策略下，一方面，对供应链各参与协作个体的物资流、资金流以及信息流等硬环境因素的运作水平进行改善；另一方面，对资源协作个体的管理方式、组织结构以及业务流程等软环境因素进行有针对性的变革和改善。从而，使生产服务活动的物资流、资金流以及信息流衔接顺畅，降低各主要因素的运作成本，提升运作效率。同时，也使得各成员软环境因素的运作水平得到提高（姚建明，2013a）。

5.5 主导因素之间的复杂影响关系

姚建明（2013a）指出，由于改善供应链系统硬环境运作水平同改善系统软环境运作水平是相辅相成的，因此在主导因素挖掘基础上，应重点分析各主导因素中以下 3 个方面的影响关系，并建立相应的量化机理：

（1）投入硬（软）环境各因素的改善成本（资源整合投入成本的一部

分，以下同）将对软（硬）环境各因素的运作水平提升产生多大的影响；

（2）投入各因素的改善成本将对其所属环境内部其他各因素的运作水平提升产生多大的影响；

（3）投入各因素的改善成本将对该因素自身的运作水平提升产生多大的影响。

在研究各因素之间复杂影响关系方面，应首先合理判定各因素运作水平改善的根源，探明投入各因素改善成本所具有的多重效用，合理量化改善各因素投入成本所取得的效用水平，对系统整合过程进行成熟的成本核算，在实现系统整体运作水平改善基础上优化整合成本。明确及量化投入各因素的成本对改善其自身的贡献水平、对改善同一环境内部其他因素的贡献水平以及对改善不同环境中各因素的贡献水平。

5.6 确定整合过程中的输入/输出关系

供应链资源整合时，输入为投入系统的整合成本，输出为供应链系统整合后的整体运作水平，如图 5-1 所示。输入的整合成本将分别投入各硬（软）环境因素运作水平的改善过程中，通过整合策略使得各因素的运作水平均得到提高。整合过程的输出将主要体现在系统针对某项生产或服务活动的物资流、资金流以及信息流等能否衔接顺畅与高效运作上，同时也将辅助体现于系统的管理方式、组织结构以及业务流程等因素的运作水平上。

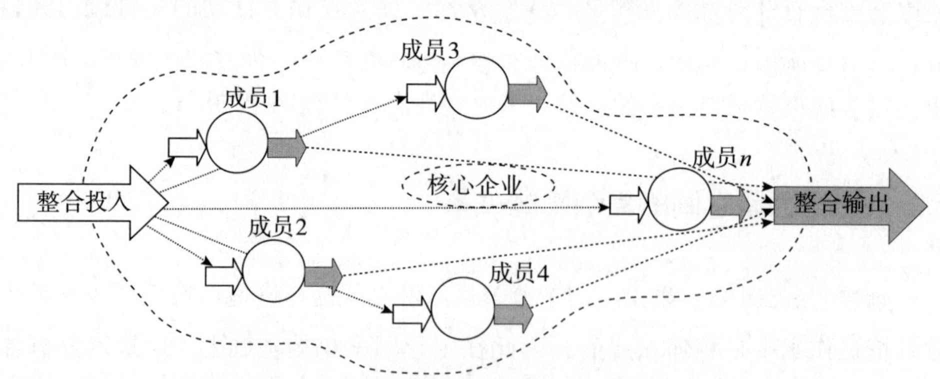

图 5-1　供应链资源整合的输入与输出关系示意

因此，应在主导因素关系分析的基础上研究几个重要的量的分配问题：①输入的整合成本将遵循怎样的比例关系分配到系统硬（软）环境因素的改善之中，同时在同一环境内部诸因素之间又将遵循怎样的比例关系进行投入；②经整合后输出的系统综合运作水平中，由硬（软）环境因素各自运作水平所决定的程度分别占到怎样的比例关系。显然，这是一个复杂的决策过程。因此，系统资源的整合过程从本质上讲是系统的整体与个体之间以及每个个体彼此之间复杂的合作—竞争关系的平衡过程。

5.7　供应链资源的动态性特征

姚建明（2013a）指出，供应链资源整合的过程，不仅是一个对参与协作个体的简单优选问题，还是一个涵盖既有协作成员（个体）选择、特定协作个体新建、运营方案策划、信息与商务支撑提供、生产服务活动管理与监控等的综合过程。所谓资源整合的动态性，是指资源整合时，供应链资源是动态变化的。也就是说，整合过程不仅针对既有资源，而且可以根据生产或服务活动中的特定要求新建资源，以实现任务配给的灵活性、系统性和高效性。

是否需要在整合过程中动态地新建资源、新建何种类型的资源、新建资源的多少以及新建时应该投入多少整合成本，是现实过程中不可避免的运作与决策步骤，也是对上述资源整合过程输入/输出关系量化确定的重要补充。

5.8　MC 模式下供应链资源整合特征

根据上述分析可知，在大规模定制模式下，提供定制产品或服务的核心企业为了实现供应链资源整合，同样也需要对整合的主导因素进行挖掘，并在主导因素分析基础上，明确各主导因素之间的关系。

另外，由于大规模定制模式同时具有规模生产与个性化定制生产模式的双重特征，该双重模式的实现需要通过调节客户订单分离点（Customer Order Postponement Decoupling Point，CODP）在供应链网络中的位置来实现，如图 5－2 所示。

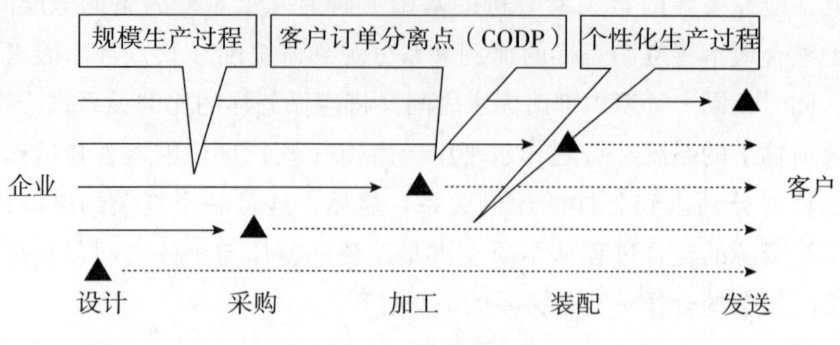

图 5-2 CODP 示意

显然，图 5-2 中，CODP 左侧在构建供应链网络时考虑的主要是如何降低生产成本的问题，而在 CODP 右侧构建供应链网络时考虑的则主要是如何提高网络的灵活性的问题（姚建明，2014）。

基于这一思想，核心企业在进行供应链资源整合时所需考虑的整合对象的特征是不同的，因而整合的主导因素挖掘也必然存在很大的差异。比如，核心企业在整合 CODP 左侧的供应链上游环节协作成员时，可能更为关注的是协作关系的长久性问题，因为这样的协作关系可以更好地有利于定制产品生产成本的降低；而其在整合 CODP 右侧的供应链下游环节协作成员时，可能更为关注的是协作关系的短期性问题，因为这样可以更好地保证协作的灵活性问题。

此外，姚建明、周国华（2003）也指出，为了提升客户的个性化服务需求特征，大规模定制模式下的供应链运作过程具有典型的随机需求与随机资源约束的动态特征，这种动态性一方面来自客户需求的多样性和不确定性，另一方面来自供应链中复杂的协作与竞争关系，如第 4 章所述。对于这些协作中的新特征，必须用新的思路进行分析，这将在供应链资源整合决策过程中有所体现。

5.9 基于成员目标定位的资源整合机理

在供应链资源整合过程中，由于不同资源个体具有不同的目标定位，不同的目标定位必然对该资源个体参与整合协作的运作过程产生不同程度的影响，这些影响也将体现在整合的主导因素以及其他影响整合的因素（如表5－1所示）之中。

比如，某核心企业拟生产高价值的定制汽车产品，对于消费者而言，该产品是否能够带来价值，产品质量（安全性）是一个重要的衡量方面。因此，在核心企业选择供应商资源个体的因素中，必然要将供应商所提供汽车零部件的质量因素看作重要的衡量方面。然而，对于不同供应商而言，由于其参与协作的目标定位不同，必然会对自身在提供零部件的运作参数方面产生差异，如在运营的3个基本指标（质量、成本、交货期）之间进行权衡等。显然，如果供应商参与核心企业整合的目的是进行长期合作，那么肯定会在自身运作的质量方面进行加强，即便是提高质量可能会耗费一定的成本和时间，也是值得的。但如果供应商的协作目的只是完成本次生产的供应，那么其可能更关注于自己的成本指标等。

由于有上述目标定位关系的影响，核心企业不得不在资源整合之前进行必要的供应市场调研与分析，尽早了解各潜在参与者的目标定位，并在此基础上尽早作出资源的评判策略。同时，在进行资源整合时，核心企业还应根据整合资源的目的，对资源个体基于其自身目标定位的各主导因素运作状况进行分析，并针对各因素提出可接受的运作标准，并以此来综合判断整合个体的整合适宜度。在此基础上，才能建立基于成员目标定位的大规模定制模式下供应链资源整合决策优化模型与对应的求解算法。

5.10 本章小结

为了建立基于协作成员目标定位的大规模定制模式下的供应链资源整合决策优化模型与求解算法，本章主要从运作机理角度分析了供应链资源整合的基本特征及其中的关键问题，提出挖掘整合的主导因素是构建量化整合方法的基础，分析了供应链资源整合过程中应该建立的复杂关系以及整合的输入和输出关系。

在此基础上，本章分析了大规模定制模式下供应链资源整合的特殊性，并对基于协作成员的目标定位对供应链资源整合的影响问题进行了分析。本章分析内容是后续章节中建立资源整合量化决策方法的基础。

6 基于成员目标定位的MC模式下供应链资源整合决策

6.1 本章引言

为了建立基于协作成员目标定位的大规模定制模式下的供应链资源整合决策方法，第5章从运作机理角度分析了供应链资源整合的基本特征及其中的关键问题，提出挖掘整合的主导因素是构建量化整合方法的基础，分析了供应链资源整合过程中应该建立的复杂关系以及整合的输入/输出关系。并在此基础上，分析了大规模定制模式下供应链资源整合的特殊性，对基于协作成员的目标定位对供应链资源整合的影响关系进行了分析。

本章将以此为切入点，进一步从定量的角度对上述问题进行分析，以搭建基于成员目标定位的大规模定制模式下供应链资源整合决策方法。本章首先对供应链资源整合中的主导因素挖掘问题作量化阐述，进而对协作成员目标定位对整合因素的影响关系进行量化分析。在此基础上，分析核心企业根据整合资源的目的，对资源个体基于其自身目标定位的各主导因素运作状况进行的评判。最后，建立了基于成员目标定位的大规模定制模式下供应链资源整合决策优化模型与对应的求解算法。

6.2 资源整合主导因素关系分析

第5章分析指出，由于供应链资源整合的关键是对各类供应链资源的适用性进行分析与判断，而对资源的分析与判断必须要有明确的判断标准，这就要求作为资源整合主体的核心企业能够首先挖掘出判断资源整合适宜度的主导因素。所以，挖掘主导因素是进行供应链资源整合合理决策的关键。

主导因素是反映和体现供应链资源整合运作水平的决定性因素，也是投入资源整合成本的主要对象和对整合水平进行定量评判的基本因素。因此，应在整合运作机理分析的基础上，从系统性原理角度出发，从决定供应链系统及系统资源个体（即构成供应链系统资源的最小组成部分）运行水平的硬环境因素与软环境因素两个方面进行主导因素的挖掘，注重主导因素的系统性、全面性、代表性和针对性。同时，在实际运作过程中，应基于长远收益目标考虑的诸因素（如个体信誉度、品牌的整合价值、个体在市场中的地位、个体的抗风险性、链式收益水平等）以及协作个体必须满足的基本约束条件等方面进行实际调研，以使资源整合过程的复杂性得到充分体现，使挖掘出的主导因素结果更趋于合理。

6.3 资源整合的基本关系框架

从供应链战略高度与系统全局角度讲，实现大规模定制模式下供应链资源整合的核心与关键在于如何将某定制生产或服务活动对应的供应链协作成员（资源个体）进行系统化集成并进行定制任务的有效配给，在满足各资源个体价值增值满意度的前提下，实现整个供应链的运作优化及运营中的价值增值。

要实现这一目的，作为整合方的核心企业（或者由第四方整合服务企业（4PIS）实现整合），根据定制生产/服务活动的特征合理评判与选取供应链的优质资源个体（协作成员）就是必需的，因而应首先明确通过哪些因素来判定资源个体的整合适宜度。为此，本书第5章曾提出应对大规模定制模式下供应链资源整合的主导因素进行挖掘及分析的思路。

例如，针对某定制活动，核心企业在整合生产企业、销售企业以及第三方物流企业（3PL）个体等实体企业时，其资源整合的侧重点在于这些企业在定制生产与服务活动中的物资流与资金流运作水平的提升。而对诸如管理咨询个体、信息技术支撑个体等实体企业的整合则偏重于其在定制生产/服务活动中信息流运作水平的提升。同时，上述基本要素的运作是彼此相关、密不可分的综合作用体系。而大规模定制模式下供应链资源整合的结果，将是实

现定制生产与服务活动中物资流、资金流以及信息流等的合理流动与衔接顺畅，在满足客户定制需求的前提下，实现供应链系统的整体价值增值。

也就是说，通过对供应链资源的整合来实现供应链系统的价值增值，必须在核心企业（或第四方资源整合平台，以下同这一说明）的资源整合策略引导下，一方面对供应链各参与协作资源个体的硬环境因素（如物资流、资金流及信息流等）的运作水平进行改善，另一方面对协作个体的软环境因素（如管理方式、组织结构及业务流程等）的运作水平进行有针对性的变革，从而实现定制生产/服务活动的物资流、资金流及信息流等的衔接顺畅、高效运作，实现各成员的管理规范、组织高效、业务流程精良等。显然，各因素的改善与变革是必须投入成本的，第 5 章称其为供应链资源整合成本，这是整合时对资源个体的输入项；而资源个体的输出项将体现在各硬（软）环境主导因素的运作水平上，反映的则是供应链资源个体整合后的综合运作水平提升。

在明确界定主导因素及整合的输入/输出概念之后，可以建立大规模定制模式下的供应链资源整合运作框架，如图 6－1 所示。

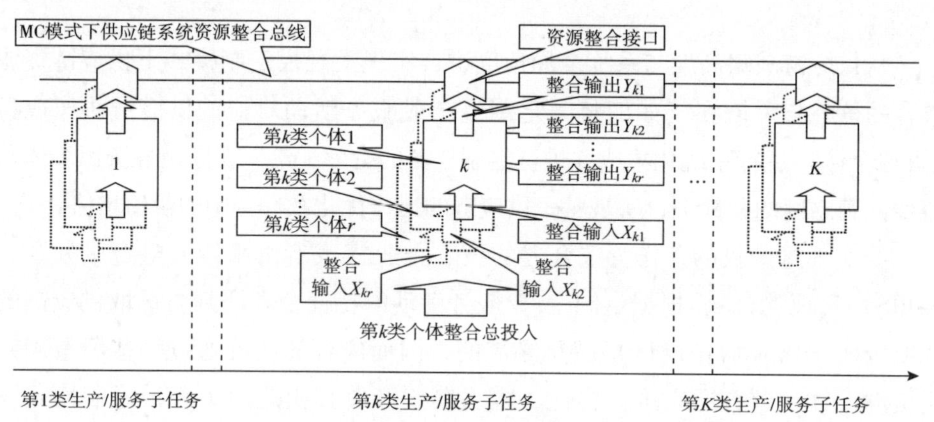

图 6－1　供应链资源整合的基本关系框架

图 6－1 中，从表现来看，核心企业整合资源的过程是针对某定制生产/服务活动（包括长期、中长期、中期、短期活动）将供应链相关资源个体（协作成员）进行集成与链接的过程；从本质来看，这种链接与集成是建立在各资源个体预期“整合运作水平”统一与均衡基础上的，这是基于战略观点和系统理论进行整合的特点和优点。作为整合方案的设计与实践者，核心企业在进行整合时必须能够从战略高度与系统角度总揽供应链全局资源，有效

控制整合后供应链系统运作水平，这样才能在实现客户定制服务满意度的前提下实现供应链系统资源的多赢。

图6－1中的资源整合总线是系统整合后运作水平的抽象化描述，总线所要求的运作水平是核心企业针对当前或一定时期内定制生产/服务活动的基本特征、系统内外部运行环境特征以及系统资源个体的实际运营状况所决定的，将体现和反映整合后供应链系统的运营水平提升状况及其综合竞争力。通过整合，只有“整合运作水平”达到总线所要求运作水平的资源个体，才能与总线上的资源整合接口衔接，这是供应链资源整合的必要前提也是直接目的，因而形成了整合决策中的基本约束关系，即运作水平约束关系。

由图6－1还可看出，由于不同的供应链资源个体其参与整合的目标定位不同，因此不同定制生产/服务活动必然会显出不同的产能供给。因此，每一类定制生产/服务活动的子任务（如按照生产阶段划分的子任务）都将可能有多个资源个体参与整合，但其参与整合的前提是每个资源个体的整合输出均达到总线要求的运作水平。

此外，由于针对某一特定的定制活动而言，可能参与整合的资源个体彼此之间自身状况存在差异，因而对不同个体的硬环境与软环境因素运作水平提升所需投入的改善成本不同，而不同的改善成本必将导致供应链资源整合成本高低的不同。作为一个系统性决策问题，必须明确系统整合成本输入与输出的明确关系，这是进行大规模定制模式下供应链资源整合决策时必须考虑的。

6.4 资源整合基本关系的量化

为了将上述整合基本框架所描述的思想运用于大规模定制模式下的供应链资源整合决策过程，以指导企业运营管理实践，这里需要对其中的主要关系进行量化分析与描述。

首先，应该考虑的是主导因素运作水平的量化问题。在构建资源整合决策优化模型之前，需对主导因素的运作水平进行量化处理（姚建明，2013a），基本步骤如下。

（1）作为整合主体的核心企业，首先应基于当前以及未来一定时期内的战略规划，对可能的和潜在的供应链系统中待整合资源个体进行广泛调研，确定整合的主导因素，挖掘各个体运行中决定各主导因素的主要子因素。

（2）根据各子因素的运作特征设定对应的运作水平量表单位，并对其进行规范化处理，即$f_i = (x_i - x_{min})/(x_{max} - x_{min})$。其中，$f_i$为某主导因素中第$i$个子因素的运作水平；$x_i$为该被调研个体对应子因素运作水平的量表反映实际值；x_{min}和x_{max}分别为所有待整合资源个体对应子因素运作水平量表值中的最小值和最大值。

（3）根据各个体对各子因素的重要性判定的平均值，确定各子因素在决定该主导因素运作水平中的权重w_i。

（4）根据权重及所计算出的f_i值确定各个体的主导因素运作水平，即$F = f_i w_i$。设本章各运作水平参数均已经过该规范化处理。

其次，设定整合成本与主导因素运作水平之间的关系。

整合时，核心企业针对各资源个体的调研分析不仅要对每个个体的各主导因素运作水平进行量化，还要通过相关性分析挖掘该个体各主导因素之间的复杂影响关系，明确针对该个体投入各主导因素的整合成本对改善其自身的贡献水平、对改善同一环境内部其他因素的贡献水平以及改善不同环境中各主导因素的贡献水平，如表6－1所示。

表6－1　　　各主导因素间的影响力度表

硬环境因素					软环境因素				
Y_{11}	Y_{21}	Y_{31}	…	Y_{m1}	SF_1	H_{12}	H_{13}	…	H_{1n}
Y_{12}	Y_{22}	Y_{32}	…	Y_{m2}	H_{21}	SF_2	H_{23}	…	H_{2n}
Y_{13}	Y_{23}	Y_{33}	…	Y_{m3}	H_{31}	H_{32}	SF_3	…	H_{3n}
⋮	⋮	⋮		⋮	⋮	⋮	⋮		⋮
Y_{1n}	Y_{2n}	Y_{3n}	…	Y_{mn}	H_{n1}	H_{n2}	H_{n3}	…	SF_n
HF_1	G_{12}	G_{13}	…	G_{1m}	P_{11}	P_{21}	P_{31}	…	P_{n1}
G_{21}	HF_2	G_{23}	…	G_{2m}	P_{12}	P_{22}	P_{32}	…	P_{n2}
G_{31}	G_{32}	HF_3	…	G_{3m}	P_{13}	P_{23}	P_{33}	…	P_{n3}
⋮	⋮	⋮		⋮	⋮	⋮	⋮		⋮
G_{m1}	G_{m2}	G_{m3}	…	HF_m	P_{1m}	P_{2m}	P_{3m}	…	P_{nm}
S_{11}	S_{22}	S_{33}	…	S_{mm}	V_{11}	V_{22}	V_{33}	…	V_{nn}

注：HF_1，HF_2，…，HF_m为硬环境主导因素；SF_1，SF_2，…，SF_n为软环境主导因素。

表6－1中关系由影响力度描述，遵循顺时针原则（如H_{12}表示投入到主导因素SF_1的成本对主导因素SF_2改善的影响力度，P_{22}表示投入软环境主导因素SF_2的整合成本对硬环境因素HF_2运作水平改善的影响力度等。S和V则表示主导因素自身投入成本与运作水平改善之间的关系）。

在实际整合中，要得到合理的影响力度值，必须通过详细的调研分析对每个个体各主导因素运作水平的根源进行指标细化及分类处理。而成功的调研必须得到各资源个体的密切配合，通过准确的成本核算方法及统计归纳方法进行量化计算。

6.5 基于成员目标定位的资源整合决策机理

综合前文分析，基于协作成员目标定位的大规模定制模式下供应链资源整合决策机理可以描述如下：在某时刻，提供定制生产或服务产品的核心企业根据当前市场定位的需求特征及一段时期内的战略目标考虑，确定其在供应链网络不同阶段所需外包定制任务的特征如表6－2所示。

表6－2　外包定制任务的特征示例

序号	定制产品价值	个性化水平	交货期要求	特征组合
1	V_1＝高	P_1＝高	T_1＝高	$MC_1=\{V_1, P_1, T_1\}$
2	V_2＝高	P_2＝高	T_2＝低	$MC_2=\{V_2, P_2, T_2\}$
3	V_3＝高	P_3＝低	T_3＝高	$MC_3=\{V_3, P_3, T_3\}$
4	V_4＝高	P_4＝低	T_4＝低	$MC_4=\{V_4, P_4, T_4\}$
5	V_5＝低	P_5＝高	T_5＝高	$MC_5=\{V_5, P_5, T_5\}$
6	V_6＝低	P_6＝高	T_6＝低	$MC_6=\{V_6, P_6, T_6\}$
7	V_7＝低	P_7＝低	T_7＝高	$MC_7=\{V_7, P_7, T_7\}$
8	V_8＝低	P_8＝低	T_8＝低	$MC_8=\{V_8, P_8, T_8\}$
⋮	⋮	⋮	⋮	⋮
n	V_n＝	P_n＝	T_n＝	$MC_n=\{V_n, P_n, T_n\}$

基于市场调研及以往经验分析，基于表 3－3，核心企业根据定制产品不同的定制任务特征组合 $MC_n = \{V_n, P_n, T_n\}$，可以推断出该定制任务引导下的供应链协作成员目标定位，如表 6－3 所示。

表 6－3　　定制特征引导下的成员目标定位示意

定制任务特征组合	协作成员目标定位			
	反应—松散	反应—紧密	有效—松散	有效—紧密
$MC_1 = \{V_1, P_1, T_1\}$	4	5	2	3
$MC_2 = \{V_2, P_2, T_2\}$	5	5	3	3
$MC_3 = \{V_3, P_3, T_3\}$	2	3	4	5
$MC_4 = \{V_4, P_4, T_4\}$	3	3	5	5
$MC_5 = \{V_5, P_5, T_5\}$	1	2	0	0
$MC_6 = \{V_6, P_6, T_6\}$	2	2	0	1
$MC_7 = \{V_7, P_7, T_7\}$	0	0	1	2
$MC_8 = \{V_8, P_8, T_8\}$	0	1	2	2
⋮	⋮	⋮	⋮	⋮
$MC_n = \{V_n, P_n, T_n\}$	O_{1n}	O_{2n}	O_{3n}	O_{4n}

注：表中数字 O_{1n}、O_{2n}、O_{3n} 和 O_{4n} 为重视程度，其中 5 为非常重视，4 为重视，3 为较为重视，2 为略为重视，1 为关注，0 为不关注。

基于不同的目标定位判断，核心企业可以根据表 3－4 推断出不同外包定制任务所需的供应链运作参数，如表 6－4 所示。

表 6－4　　影响关系表

$MC_n = \{V_n, P_n, T_n\}$ 引导下的运作参数	协作成员目标定位			
	O_{1n}	O_{2n}	O_{3n}	O_{4n}
生产成本（C）	C_{1n}	C_{2n}	C_{3n}	C_{4n}
生产时间窗（U）	U_{1n}	U_{2n}	U_{3n}	U_{4n}
产能供给（A）	A_{1n}	A_{2n}	A_{3n}	A_{4n}
协作风险（R）	R_{1n}	R_{2n}	R_{3n}	R_{4n}

设供应链资源整合时，针对核心企业的任一外包定制任务有若干待整合资源个体（协作成员），由于每个协作成员所面临的内外部环境不同，其战略定位不同，因此其参与本次资源整合的目标定位也具有差异。

显然，对于核心企业的整合决策而言，需要首先甄选出与其推断出的目标定位相一致的协作成员。这样的协作成员不仅可以保证核心企业资源整合的有效性，还能保证其战略的有效实施，并且能够在高效完成定制外包任务的同时降低整合风险。因此，这里可以将其作为大规模定制模式下供应链资源整合决策的优化目标之一。

6.6 供应链资源整合决策的多目标优化

对于实施大规模定制的核心企业而言，除了将上述协作成员目标定位的一致性误差最小化作为优化目标以外，整合投入成本的最小化以及整合后资源有效性的时间窗误差最小化也可以作为另外两个优化目标。因而，基于协作成员目标定位的大规模定制模式下供应链资源整合决策优化问题是一个典型的多目标优化问题。各目标对该资源整合的贡献关系如图6－2所示。

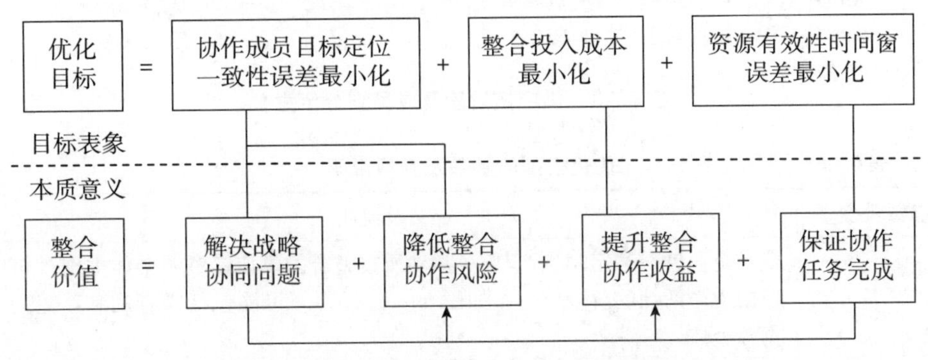

图6－2 多目标优化的本质意义

由图6－2可以看出，上述3个基本优化目标在基于协作成员目标定位的大规模定制模式下供应链资源整合决策过程中具有重要的本质意义和价值。实现了这3个目标，核心企业不仅可以保证定制协作任务的有效完成，而且可以实现自身的战略定位及意图，保证获取短期整合收益与长期协作收益的平衡，同时降低短期和长期协作风险。

同时，由于供应链协作关系的对称性，协作成员目标定位的一致性也将表现出双向对称的效果。换句话说，核心企业基于协作成员目标定位的供应链资源整合过程可以实现的不仅是自身利益问题，还可以有效保证协作成员的利益以及供应链网络的整体利益，同时降低供应链整体的协作风险。

6.7 供应链资源整合决策优化模型

1. 参数说明

基于协作成员目标定位的大规模定制模式下供应链资源整合决策优化模型的参数及变量说明如图 6－3 和表 6－5 所示。

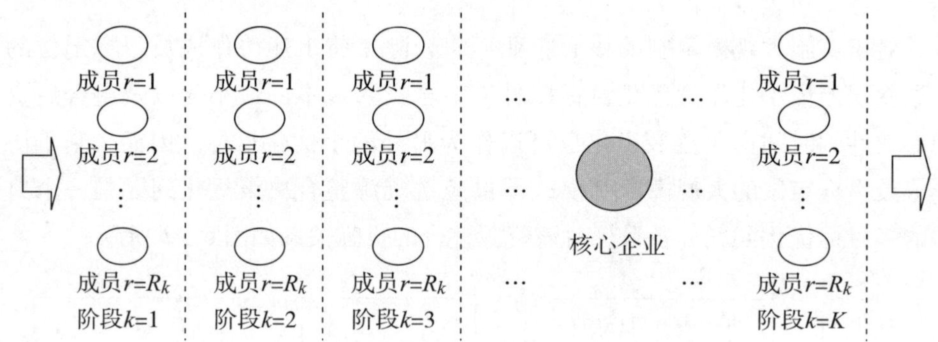

图 6－3　供应链阶段及成员划分示意

表 6－5　优化模型的参数及变量说明

参数及变量	定义及说明
K	核心企业针对某定制生产/服务活动所需整合的供应链资源个体类别（可根据生产活动的阶段划分，如图 6－3 所示），可能包括既有的和新建的资源个体
k	资源个体类别索引，$k=1, 2, \cdots, K$
L_k	k 类资源个体中的待整合个体数量
i_k	每个待整合资源个体（协作成员）索引
F_E	整合后供应链系统的整体期望综合运作水平
m	核心企业为完成资源整合挖掘出的硬环境主导因素索引（姚建明，2013）
M	硬环境主导因素数量，$m=1, 2, \cdots, M$

续表

参数及变量	定义及说明
n	核心企业为完成资源整合挖掘出的软环境主导因素索引（姚建明，2013）
N	软环境主导因素数量，$n=1, 2, \cdots, N$
$F_{\text{E. Hard. }m}$	整合后供应链系统中硬环境主导因素的期望运作水平
$F_{\text{E. Soft. }n}$	整合后供应链系统中软环境主导因素的期望运作水平
$F_{\text{Hard. }m.\,i_k}$	整合前资源个体 i_k 的硬环境主导因素的运作水平
$F^*_{\text{Hard. }m.\,i_k}$	整合后资源个体 i_k 的硬环境主导因素的运作水平
$F_{\text{Soft. }n.\,i_k}$	整合前资源个体 i_k 的软环境主导因素的运作水平
$F^*_{\text{Soft. }n.\,i_k}$	整合后资源个体 i_k 的软环境主导因素的运作水平
$\Delta F_{\text{Hard. }m.\,i_k}$	整合后资源个体 i_k 的硬环境主导因素 m 运作水平改善程度，有 $\Delta F_{\text{Hard. }m.\,i_k} = F^*_{\text{Hard. }m.\,i_k} - F_{\text{Hard. }m.\,i_k}$ 成立
$\Delta F_{\text{Soft. }n.\,i_k}$	整合后资源个体 i_k 的软环境主导因素 n 运作水平改善程度，有 $\Delta F_{\text{Soft. }n.\,i_k} = F^*_{\text{Soft. }n.\,i_k} - F_{\text{Soft. }n.\,i_k}$ 成立
C_{Total}	供应链资源整合的总投入整合成本
$C_{\text{Hard. }i_k}$	投入到资源个体 i_k 改善其硬环境因素运作水平的总合投入成本
$\Delta C_{\text{Hard. }m.\,i_k}$	投入到资源个体 i_k 改善其硬环境因素 m 运作水平的投入成本
$C_{\text{Soft. }i_k}$	投入到资源个体 i_k 改善其软环境因素运作水平的总合投入成本
$\Delta C_{\text{Soft. }n.\,i_k}$	投入到资源个体 i_k 改善其软环境因素 n 运作水平的投入成本
Q_{i_k}	资源个体 i_k 提供的定制生产/服务活动运作质量
Q^*_k	第 k 类资源个体对应定制生产/服务任务的实际所需质量标准
A_{i_k}	资源个体 i_k 提供的定制生产/服务活动能力
A^*_k	第 k 类资源个体对应定制生产/服务活动的实际能力需求
$T_{\text{Start. }i_k}$	资源个体 i_k 有效的起始时刻
$T_{\text{End. }i_k}$	资源个体 i_k 有效的结束时刻
$T^*_{\text{Start. }i_k}$	第 k 类资源个体对应定制生产/服务活动的实际所需起始时刻
$T^*_{\text{End. }i_k}$	第 k 类资源个体对应定制生产/服务活动的实际所需结束时刻
$\theta_{\text{Start. }k}$	第 k 类资源个体对应定制生产/服务活动实际所需起始时刻误差容忍值
$\theta_{\text{End. }k}$	第 k 类资源个体对应定制生产/服务活动实际所需结束时刻误差容忍值

续表

参数及变量	定义及说明
θ_k	第 k 类资源个体对应定制生产/服务活动实际所需起讫时刻总误差容忍值
θ_{Total}	供应链资源整合的总合资源有效性时限性容忍量
$MC_k = \{V_k, P_k, T_k\}$	定制产品/服务的第 k 阶段任务特征组合
d_k	核心企业设定的定制产品/服务的第 k 阶段任务特征组合所对应的协作成员目标定位特征索引
D_k	核心企业设定的定制产品/服务的第 k 阶段任务特征组合所对应的协作成员目标定位特征总数，$d_k = 1, 2, \cdots, D_k$
$O_{E.d_k}$	核心企业设定的定制产品/服务的第 k 阶段任务特征组合所对应的协作成员目标定位期望特征值
$O_{i_k.d_k}$	协作成员 i_k 针对定制产品/服务的第 k 阶段任务特征组合所对应的目标定位各特征的实际值
O_{Total}	供应链资源整合总合目标定位特征偏差
δ_{i_k}	选择资源个体 i_k 参与整合，则 $\delta_{i_k}=1$；否则 $\delta_{i_k}=0$

2. 决策优化模型

（1）优化目标如下。

$$\begin{aligned}\min Z_1 = \min C_{\text{Total}} &= \sum_{k=1}^{K}\sum_{i_k=1}^{L_k}(C_{\text{Soft}.i_k} + C_{\text{Hard}.i_k})\delta_{i_k} \\ &= \sum_{k=1}^{K}\sum_{i_k=1}^{L_k}\left(\sum_{m=1}^{M}\Delta C_{\text{Hard}.m.i_k} + \sum_{n=1}^{N}\Delta C_{\text{Soft}.n.i_k}\right)\delta_{i_k}\end{aligned} \tag{6-1}$$

$$\min Z_2 = \min\theta_{\text{Total}} = \sum_{k=1}^{K}\sum_{i_k=1}^{L_k}(\theta_{\text{Start}.k} + \theta_{\text{End}.k})\delta_{i_k} \tag{6-2}$$

$$\min Z_3 = \min O_{\text{Total}} = \sum_{k=1}^{K}\sum_{i_k=1}^{L_k}\sqrt{\sum_{d_k=1}^{D_k}(O_{i_k.d_k} - O_{E.d_k})^2\delta_{i_k}} \tag{6-3}$$

（2）约束条件如下。

$$
\begin{bmatrix} \Delta F_{\text{Hard. 1. } i_k} \\ \Delta F_{\text{Hard. 2. } i_k} \\ \vdots \\ \Delta F_{\text{Hard. } m.\, i_k} \end{bmatrix} = \begin{bmatrix} P_{11} & P_{21} & P_{31} & \cdots & P_{n1} \\ P_{12} & P_{22} & P_{32} & \cdots & P_{n2} \\ \vdots & \vdots & \vdots & & \vdots \\ P_{1m} & P_{2m} & P_{3m} & \cdots & P_{nm} \end{bmatrix} \begin{bmatrix} \Delta C_{\text{Soft. 1. } i_k} \\ \Delta C_{\text{Soft. 2. } i_k} \\ \vdots \\ \Delta C_{\text{Soft. } n.\, i_k} \end{bmatrix} +
$$

$$
\begin{bmatrix} S_{11} & G_{21} & G_{31} & \cdots & G_{m1} \\ G_{12} & S_{22} & G_{32} & \cdots & G_{m2} \\ \vdots & \vdots & \vdots & & \vdots \\ G_{1m} & G_{2m} & G_{3m} & \cdots & S_{mm} \end{bmatrix} \begin{bmatrix} \Delta C_{\text{Hard. 1. } i_k} \\ \Delta C_{\text{Hard. 2. } i_k} \\ \vdots \\ \Delta C_{\text{Hard. } m.\, i_k} \end{bmatrix} \tag{6-4}
$$

$$
F^*_{\text{Hard. } m.\, i_k} \geqslant F_{\text{E. Hard. } m}, \quad m = 1, 2, \cdots, M \tag{6-5}
$$

$$
\begin{bmatrix} \Delta F_{\text{Soft. 1. } i_k} \\ \Delta F_{\text{Soft. 2. } i_k} \\ \vdots \\ \Delta F_{\text{Soft. } n.\, i_k} \end{bmatrix} = \begin{bmatrix} Y_{11} & Y_{21} & Y_{31} & \cdots & Y_{m1} \\ Y_{12} & Y_{22} & Y_{32} & \cdots & Y_{m2} \\ \vdots & \vdots & \vdots & & \vdots \\ Y_{1n} & Y_{2n} & Y_{3n} & \cdots & Y_{mn} \end{bmatrix} \begin{bmatrix} \Delta C_{\text{Hard. 1. } i_k} \\ \Delta C_{\text{Hard. 2. } i_k} \\ \vdots \\ \Delta C_{\text{Hard. } m.\, i_k} \end{bmatrix} +
$$

$$
\begin{bmatrix} V_{11} & H_{21} & H_{31} & \cdots & H_{n1} \\ H_{12} & V_{22} & H_{32} & \cdots & H_{n2} \\ \vdots & \vdots & \vdots & & \vdots \\ H_{1n} & H_{2n} & H_{3n} & \cdots & V_{nn} \end{bmatrix} \begin{bmatrix} \Delta C_{\text{Soft. 1. } i_k} \\ \Delta C_{\text{Soft. 2. } i_k} \\ \vdots \\ \Delta C_{\text{Soft. } n.\, i_k} \end{bmatrix} \tag{6-6}
$$

$$
F^*_{\text{Soft. } n.\, i_k} \geqslant F_{\text{E. Soft. } n}, \quad n = 1, 2, \cdots, N \tag{6-7}
$$

$$
\left| T_{\text{Start. } i_k} - T^*_{\text{Start. } i_k} \right| \leqslant \theta_{\text{Start. } k} \tag{6-8}
$$

$$
\left| T_{\text{End. } i_k} - T^*_{\text{End. } i_k} \right| \leqslant \theta_{\text{End. } k} \tag{6-9}
$$

$$
Q_{i_k} \geqslant Q^*_k \tag{6-10}
$$

$$
\sum_{i_k=1}^{M_k} A_{i_k} \delta_{i_k} \geqslant A^*_k \tag{6-11}
$$

3. 决策优化模型说明

模型中，式（6-1）至式（6-3）为多目标优化函数，由3个方面的优化目标组成，即优化供应链系统整合成本最小化（式（6-1））、优化供应链

资源有效性的时限性容忍量最小化（式（6－2））以及优化协作成员目标定位特征的一致性误差最小化（式（6－3）），目标定位的一致性误差采取欧式距离计算方法进行计算。

模型约束条件中，式（6－4）为供应链系统硬环境因素运作水平的改善增量同投入各整合主导因素整合成本之间的关系约束。

式（6－5）为供应链系统硬环境因素的运作水平约束关系。

式（6－6）为供应链系统软环境因素运作水平的改善增量同投入各整合主导因素整合成本之间的关系约束。

式（6－7）为供应链系统软环境因素的运作水平约束。

式（6－8）、式（6－9）为供应链系统资源个体提供定制生产/服务活动的起讫时间性约束（资源有效性起讫时间关系约束）。

式（6－10）为供应链系统资源个体提供定制生产/服务活动的质量约束。

式（6－11）为供应链系统资源个体提供定制生产/服务活动的能力约束关系，保证被选择的第 k 类资源个体的总合定制生产/服务活动能力能够满足该生产/服务活动中第 k 类任务实际所需的最小能力要求。

6.8 决策优化求解算法

由于上述基于协作成员目标定位的大规模定制模式下的供应链资源整合决策优化模型涉及3个优化目标及多个约束关系，因此本章选取具有良好性能的蚁群算法进行求解。由于蚁群算法（Yao，2013；Yao，2011；Yao 和 Liu，2009；姚建明，2009；姚建明，2013a）具有多方面的良好性能，如方便携带所属性特征，可以快速收敛到全局近似最优解，可以求解随机及动态问题，较容易进行多目标权衡寻优等，该方法已在供应链资源整合（姚建明，2013a）及供应链调度优化（姚建明，2009）研究领域得到广泛应用。

在本章中，通过对蚁群算法进行算法设计和改进，将核心企业待整合的每个供应链资源个体看作一个独立单元，设每个单元在整合过程中拥有相对确定的目标定位特征和整合运作参数。

表6－6反映了基于协作成员目标定位的大规模定制模式下的供应链资源整合决策优化行为同蚂蚁觅食寻优行为之间的对应关系。

由于供应链资源个体提供定制生产/服务活动时具有能力约束关系，因而构筑算法时还要考虑多个任务同时进行时可能导致的供应链中某些资源个体的定制生产/服务活动拥塞问题。

表6-6　资源整合决策优化行为同蚂蚁寻优行为之间的对应关系

基于成员目标定位的大规模定制模式下供应链资源整合决策优化行为	蚂蚁觅食寻优行为
决策优化开始	巢穴出发
决策优化结束	到达食物处
核心企业针对某定制外包任务的整合活动	蚂蚁
供应链资源个体（协作成员）	蚂蚁的觅食路径
资源个体（协作成员）目标定位特征及运作参数的差异	路径的差异
多目标优化	觅食过程优化

1. 算法描述

（1）设基于协作成员目标定位的大规模定制模式下供应链待整合资源网络由源点、宿点及二者之间的资源个体（协作成员）节点构成。网络中的阶段划分与核心企业外包的定制生产/服务任务的实际要求动态对应。

算法运行中，令蚂蚁从源点通过网络移动到宿点，随后死亡。不同路径上的信息素含量将根据不同资源个体的整合运作参数智能确定。

（2）蚂蚁类别的构造。为体现算法在处理多任务资源并行整合过程中的优越性，本章在构造蚂蚁时采取特殊方法，即对蚂蚁类别的划分采取与核心企业外包的定制生产/服务活动类型相同的划分，每一类任务对应一类蚂蚁，用A_k表示，其中$k=1, 2, \cdots, K$。

（3）根据资源整合决策的基本约束条件设定禁入节点。对每一类蚂蚁，由其整合特点决定了其在供应链网络中均有一些资源个体无须经过，如满足不了主导因素运作水平、整合的起讫时间、质量、产能等基本约束条件（见式（6-4）至式（6-11））的资源个体，为了加快算法收敛可将这些节点针对不同类型的蚂蚁设为禁入节点。

（4）根据供应链资源整合成本最小化规则（式（6-1））设定路径的选择概率。设i_k表示核心企业的不同定制生产/服务外包任务阶段k（$k=1, 2, \cdots,$

K）中的第 i_k（$i_k=1$，2，…，L_k）个资源个体（协作成员）。

由于供应链资源整合的优化目标之一为整合成本最小化，故设 A_k类蚂蚁经过 i_k后遗留信息素量（由 $\pi^{\mathrm{I}}_{i_k \cdot A_k}$ 表示）同整合成本成反比，资源个体 i_k对蚂蚁 A_k的第 I 类吸引概率为：

$$P^{\mathrm{I}}_{\mathrm{A}} = \pi^{\mathrm{I}}_{i_k \cdot A_k} / \sum_{i_k=1}^{L_k} \pi^{\mathrm{I}}_{i_k \cdot A_k} \tag{6-12}$$

（5）根据整合时资源的有效性时限性误差容忍量最小化规则（式（6－2））设定路径的选择概率。设 A_k选择资源个体 i_k后能够得到的定制生产/服务活动的时限性误差容忍量为 θ，则 θ 越小越好。

设 $\pi^{\mathrm{II}}_{i_k \cdot A_k}$ 为 A_k经过资源个体 i_k后因 θ 不同而遗留的信息素量，则 $\pi^{\mathrm{II}}_{i_k \cdot A_k}$ 同 θ 成反比，相应的 II 类吸引概率为：

$$P^{\mathrm{II}}_{\mathrm{A}} = \pi^{\mathrm{II}}_{i_k \cdot A_k} / \sum_{i_k=1}^{L_k} \pi^{\mathrm{II}}_{i_k \cdot A_k} \tag{6-13}$$

（6）根据协作成员目标定位特征误差最小化规则（式（6－3））设定路径的选择概率。设 A_k选择资源个体 i_k后，该成员的目标定位特征参数值与核心企业拟订的期望参数值误差的大小为 O，则 O 越小越好。

设 $\pi^{\mathrm{III}}_{i_k \cdot A_k}$ 为 A_k经过资源个体 i_k后因 O 不同遗留的信息素量，则 $\pi^{\mathrm{III}}_{i_k \cdot A_k}$ 同 O 成反比，相应的 III 类吸引概率为：

$$P^{\mathrm{III}}_{\mathrm{A}} = \pi^{\mathrm{III}}_{i_k \cdot A_k} / \sum_{i_k=1}^{L_k} \pi^{\mathrm{III}}_{i_k \cdot A_k} \tag{6-14}$$

（7）根据定制生产/服务活动能力的有限性原理设定路径的排斥概率。设定同类蚂蚁的信息素相互吸引，不同类蚂蚁的则相互排斥。为了实现整合中的资源个体能力约束问题，需设定排斥概率，以解决可能形成的某节点蚁流通过能力拥塞问题。

设非 A_k类蚂蚁 A_q通过某资源个体 i_k后遗留信息素量为 $\chi_{i_k \cdot A_q}$，则其对蚂蚁 A_k的排斥概率为：

$$P_{\mathrm{R}} = \chi_{i_k \cdot A_q} / \sum_{i_k=1}^{L_k} \chi_{i_k \cdot A_q} \ (q \neq i) \tag{6-15}$$

（8）蚂蚁选择路径的综合概率。通过以上（4）至（7）的分析可知，蚂蚁 A_k选择资源个体 i_k的总和概率为：

$$P_{i_k \cdot A_k} = \omega P^{\mathrm{I}}_{\mathrm{A}} + \xi P^{\mathrm{II}}_{\mathrm{A}} + \psi P^{\mathrm{III}}_{\mathrm{A}} + \zeta(1 - P_{\mathrm{R}}) \tag{6-16}$$

式中，$\omega,\xi,\psi,\zeta(0<\omega,\xi,\psi,\zeta<1;\omega+\xi+\psi+\zeta=1)$ 为调整参数，反映了吸引和排斥概率的期望权系数。

（9）关于信息素的更新。与传统方法不同，由于本章构造的蚂蚁只具有单向运动性，因而对资源个体节点信息素的更新由算法自动完成。为表示简化，由 Φ 统一代表上述 π^{I}、π^{II}、π^{III}和χ，则更新规则为：

$$\begin{aligned}\Phi(t+1)&=\Phi(t)+\Delta\Phi(t,t+1)-\lambda\Phi(t)\\&=(1-\lambda)\Phi(t)+\Delta\Phi(t,t+1)\end{aligned}\tag{6-17}$$

式中，$\Phi(t)$ 和 $\Phi(t+1)$ 分别为蚂蚁第 t 次和第（$t+1$）次通过某资源个体节点后遗留的总合信息数量；$\Delta\Phi(t,t+1)$ 为第（$t+1$）次遗留信息素量；λ（$0<\lambda<1$）为信息素的挥发系数。

2. 算法步骤描述

在基于协作成员目标定位的大规模定制模式下的供应链资源整合决策优化过程中，每进行一次整合决策优化，上述算法就执行一次。由于供应链资源个体相互之间具有非常复杂的目标定位关系、协作与竞争关系以及主、客观收益与风险诉求，因而同时找到各优化目标的绝对最优解是不客观的。操作中核心企业应在资源整合之前提出一个可以主观接受的期望满意水平，当算法收敛到使各优化目标达到该水平时即可停止。步骤如下。

（1）核心企业根据其需外包的定制生产/服务活动确定待整合资源类别，构造蚂蚁类别，为每类蚂蚁确定可行域。

（2）确定不同蚂蚁类别经过不同资源个体时，各个体的整合成本（C）、资源有效性的时限性误差容忍量（θ）以及目标定位特征参数的误差容忍量（O），并确定它们同各类蚂蚁遗留信息素量的关系。

（3）按整合的历史经验及现实数据分析确定整合各目标优化的期望满意水平。

（4）设定及调整 $\omega,\xi,\psi,\zeta,\lambda$ 等参数值。

（5）在源点产生第 t 批次（初始时 $t=1$）蚂蚁，每批次中包含各类蚂蚁若干。使其向宿点运动，到达后全部消失。按式（6-17）规则更新各节点信息素；蚂蚁批次自动加 1（即 $t=t+1$）。

（6）记录该批次中各资源个体通过的蚂蚁数量。判断蚂蚁数量是否达到稳定值（即和前一批次相比选择该节点的蚂蚁数量无明显变化，或连续几个

批次中蚂蚁数量均在某个值附近小范围变动)。

(7) 如果已稳定，按各类蚂蚁在节点中分配数量进行资源个体的优选，并分配对应的整合任务。

(8) 计算此时各目标的优化水平，判断其是否达到期望满意水平。如果达到则算法停止，按结果实施整合决策；否则转 (5)。

(9) 若经过所有批次，蚂蚁还无法达到平衡，需重新调整各类参数值，即转到 (4)。

(10) 若算法经长时间执行后，各项指标无法达到满意水平，则应对期望满意水平进行相应的修正，即转到 (3)。

6.9 整合决策算例分析

某生产定制电脑产品的企业 D 公司，其核心业务在电脑整机的开发设计以及品牌战略方面，而生产制造过程则选择全部外包。D 公司的供应链资源个体及其分布如图 6－4 所示。

当前，该公司欲进行海外扩张并通过资源整合方式重新构架其全球供应链网络。由于构架全球供应链网络所涉及的上、下游协作成员（资源个体）数量较多、关系复杂，本章以待整合的两类资源个体为例对整合决策优化及算法进行了验证。

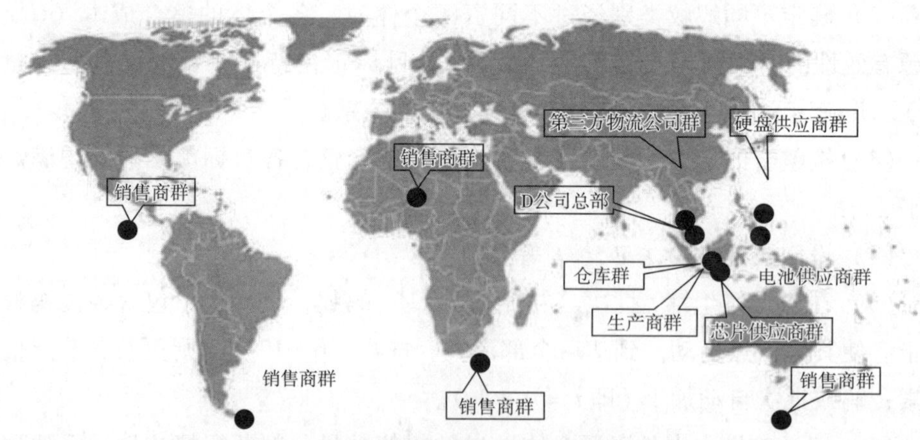

图 6－4　D 公司的供应链资源个体示意

一类选取海外参与整合的电池供应商群（包括 B – SUP1、B – SUP2、B – SUP3 和 B – SUP4 等）；另一类选取国内参与整合的第三方物流企业群（包括 3PL1、3PL2、3PL3 和 3PL4 等）。

作为整合主体的核心企业根据内外部环境特征及战略定位要求，通过一段时期的认真跟踪考察及科学的预测，获取了各相关资源个体的目标定位参数以及整合运作参数（本章所有相关数据已经过单位同一化及归一化处理），如表 6 – 7、表 6 – 8 所示。

上述两类资源整合的决策结果和分析如下。

（1）设针对电池供应商资源（B – SUP）整合决策的蚂蚁类型为 A 类。

对电脑产品而言，电池是决定其续航能力的重要部件，而续航能力是影响客户对电脑产品感知价值的重要方面。因此，对于核心企业 D 公司而言，选择一家或几家合适的电池供应商不仅是满足当前电脑产品生产、提升客户感知价值的要求，更是企业提升长期竞争力，实现长远战略意图的重要举措。因此，从协作关系来讲，核心企业寻找的电池供应商应该是期望成为紧密合作型的协作伙伴。

表 6 – 7　各电池供应商资源个体的目标定位参数与整合运作参数

		B – SUP 资源个体	B – SUP1	B – SUP 2	B – SUP 3	B – SUP 4
整合参数		整合成本 C	0.35	0.37	0.38	0.32
		时限性容忍量 θ	0.43	0.41	0.40	0.45
		生产能力 A	0.56	0.57	0.53	0.54
		能力需求	0.49			
	期望值	目标定位类型	目标定位实际值			
目标定位	2	反应—松散	3	3	2	2
	3	反应—紧密	2	3	3	2
	2	有效—松散	4	1	2	4
	4	有效—紧密	3	3	1	3
目标定位与理想参数的欧式距离		$\sqrt{\sum_{d_k=1}^{D_k}(O_{i_k \cdot d_k} - O_{E \cdot d_k})^2}$	2.65	1.73	3.00	2.45
		单位化后数据	0.27	0.16	0.31	0.25

表 6-8　各第三方物流企业资源个体的目标定位参数与整合运作参数

		3PL 资源个体	3PL1	3PL2	3PL3	3PL4
整合参数		整合成本 C	0.48	0.53	0.50	0.52
		时限性容忍量 θ	0.23	0.21	0.26	0.22
		生产能力 A	0.50	0.38	0.35	0.43
		能力需求	0.33			
	期望值	目标定位类型	目标定位实际值			
目标定位	4	反应—松散	4	3	5	2
	2	反应—紧密	3	3	2	3
	1	有效—松散	2	1	2	2
	1	有效—紧密	3	2	1	1
目标定位与理想参数的欧式距离		$\sqrt{\sum_{d_k=1}^{D_k}(O_{i_k d_k}-O_{E.d_k})^2}$	2.45	1.73	1.41	2.45
		单位化后数据	0.30	0.22	0.18	0.30

对电脑产品而言，电池产品具有一定的通用性和标准化特征。因此，核心企业 D 在进行电池供应商（B－SUP）资源整合时更多看中的是质量与成本。显然，其期望的目标定位将更多地偏好于“有效—紧密”型定位，因此在表 6－7 中各目标定位特征的期望值有所差异。

由于电池供应商的目标定位直接决定了能否满足核心企业长期战略发展的诉求，因此即便是花费较多的整合成本来获取这样的有效资源也是值得的，这也就是人们常说的“花钱花在刀刃上”。因此，在资源整合的多目标权衡中，D 公司将重点向目标定位的一致性优化目标倾斜。

基于上述分析，设算法运行中参数选择为 $\omega=0.3$、$\xi=0.2$、$\psi=0.5$、$\zeta=0$（由于不存在能力约束）、$\lambda=0.1$，算法运行中蚂蚁批次设定为 200。运用 MATLAB R7 进行仿真，收敛趋势结果如图 6－5 所示。

由图 6－5 分析可知，对于选择电池供应商资源的蚂蚁类型 A，由于其可行域各资源个体没有其他整合任务同时进行，因而不存在整合拥塞问题，经若干批次运算后达到稳定状态，几乎所有的蚂蚁都选择了 B－SUP2。这是因

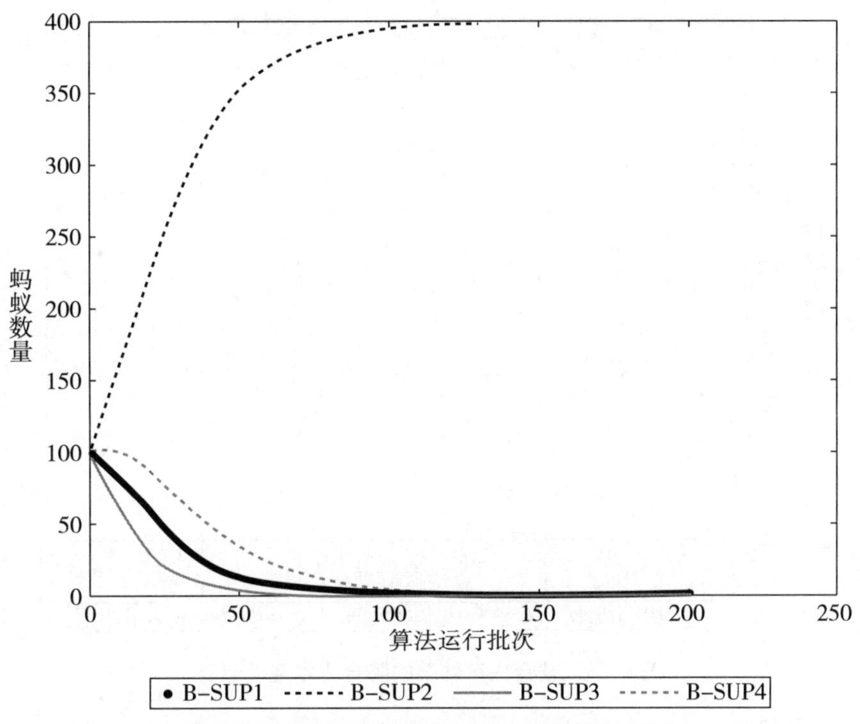

图6－5　针对B－SUP供应商的整合优化结果

为该个体虽然整合成本高于B－SUP1和B－SUP4，但其与核心企业在该供应链外包环节的目标定位期望是较为一致的。

而尽管B－SUP4有较低的整合成本，但因其目标定位特征与核心企业期望特征的欧式距离较远，故而也没有成为整合的优选个体，且在图6－5中表现出先上升后下降收敛的趋势。

图6－5所示收敛结果的整合成本变动趋势如图6－6所示。

由图6－6可以看出，图6－5所示整合决策方案的整合成本并非是最优的，但这真实地反映了核心企业在基于成员目标定位的供应链资源整合中复杂的多目标权衡心理。

图6－5所示收敛结果的资源有效性起讫时间误差变动趋势如图6－7所示。

（2）设针对第三方物流资源（3PL）整合决策的蚂蚁类型为B类。

第三方物流企业（3PL）是D公司实现非核心业务外包的重要载体，随着社会化物流体系的不断发展壮大，能够提供电脑零部件及整机物流业务的

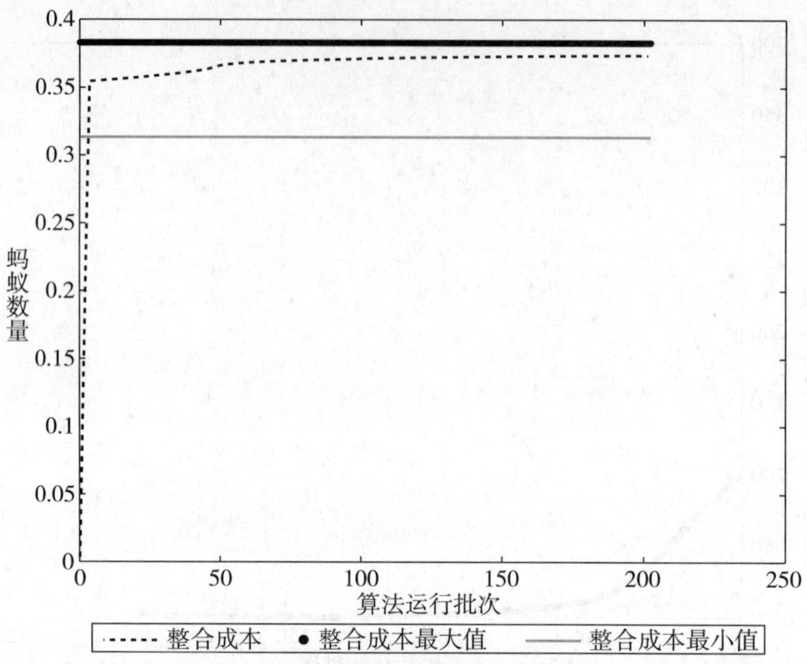

图 6-6　整合决策结果的整合成本变动趋势

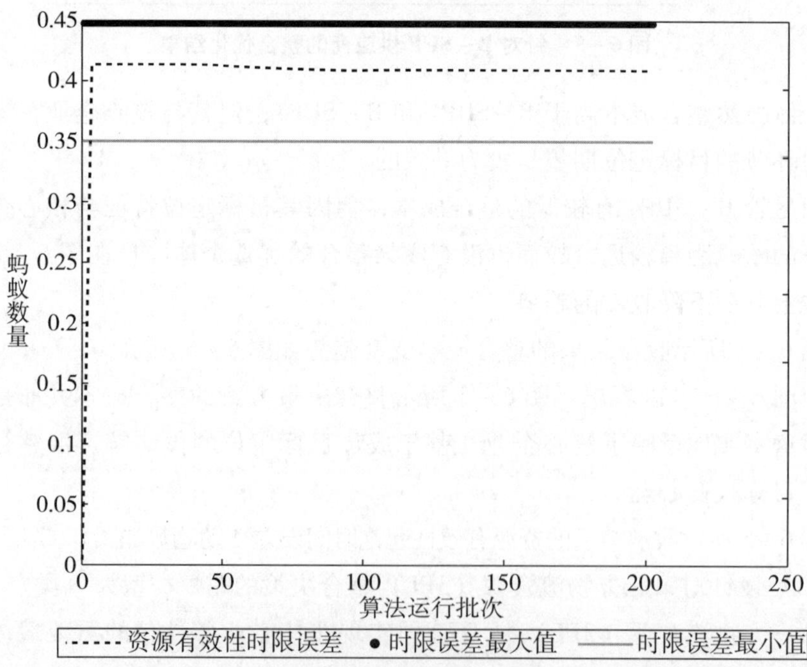

图 6-7　整合决策结果的资源有效性起讫时间误差变动趋势

3PL 日益增多，因而不容易形成长期合作风险。与选择电池供应商资源不同的是，整合 3PL 时更应看重的是如何降低整合成本以及如何保证及时物流活动的资源有效性起讫时间的问题。因此，核心企业将在多目标整合决策优化权衡时，将重点向整合资源的有效性起讫时间误差以及整合成本方面倾斜，而成员的目标定位则相对处于次要位置。设算法运行中参数设定为 $\omega = 0.4$、$\xi = 0.5$、$\psi = 0.1$、$\zeta = 0.1$、$\lambda = 0.1$，蚂蚁批次设定为 500。运用 MATLAB R7 进行仿真，收敛结果如图 6－8 所示。

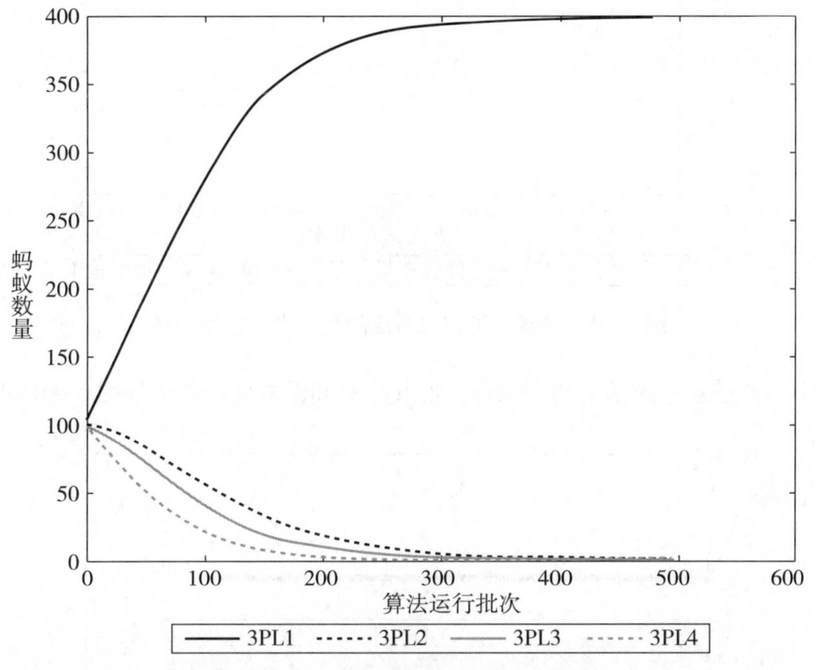

图 6－8 针对 3PL 的整合优化结果

图 6－8 中对于蚂蚁类型 B，运算结果显示全部蚂蚁选择了 3PL1。这是因为该个体具有明显的整合成本优势和资源有效性时间优势。但是该资源个体的目标定位与核心企业在该外包阶段的期望特征的欧式距离相距较远。这是由于核心企业在第三方物流资源整合方面偏重于现实运作参数的结果。可以看出，算法在满足整合决策过程多目标之间协调与均衡方面具有较好的灵活性。通过仿真实践还表明，根据资源整合目标的实际情况适当调整各参数的值可以得到较佳的收敛时间和效果。

图 6-8 所示收敛结果的整合成本变动趋势如图 6-9 所示。

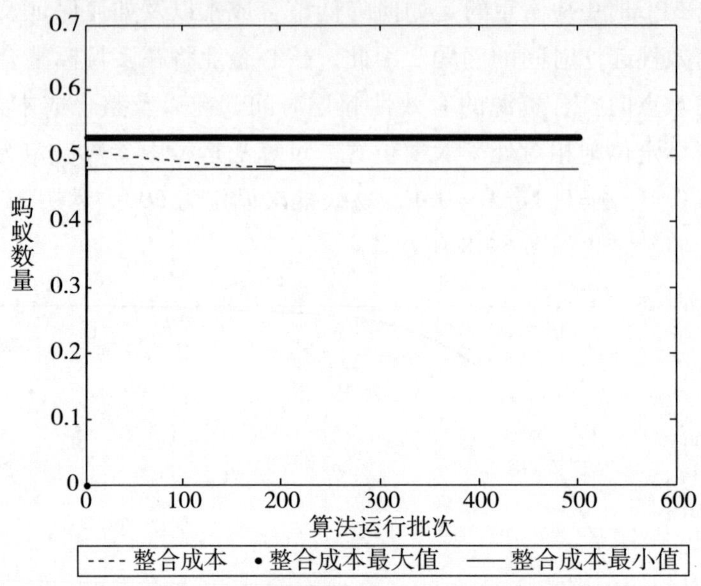

图 6-9 整合决策结果对应的整合成本变动趋势

图 6-8 所示收敛结果的资源有效性起讫时间误差变动趋势如图 6-10 所示。

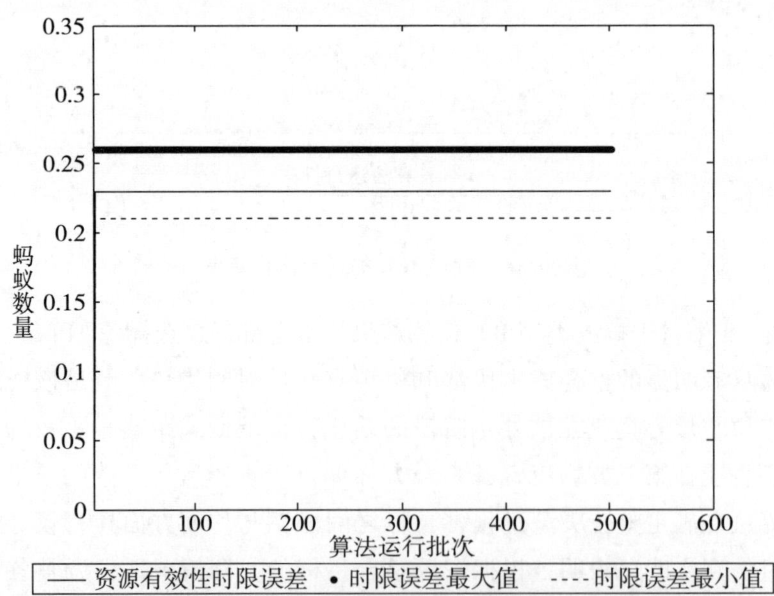

图 6-10 资源有效性起讫时间误差变动趋势

6.10　本章小结

与一般的供应链资源整合决策优化问题不同的是，本章引入了协作成员的目标定位这一重要因素。基于协作成员目标定位的大规模定制模式下供应链资源整合决策优化问题不仅充分考虑了作为定制生产或服务业务实施的核心企业如何通过资源整合实现定制业务有效外包的问题，而且考虑了对核心企业长远战略实施有重要影响的协作成员的目标定位问题。

这一方面有助于核心企业降低自身的资源整合风险，提升整合收益，另一方面有助于核心企业将当前利益与长远利益有机结合起来，将当前风险与长远风险的规避有机统一起来。

在前述章节分析的基础上，本章重点分析了如何将协作成员的目标定位思路引入大规模定制模式下的供应链资源整合决策过程中，并建立了优化模型与求解算法。所建立的算法可以通过灵活设定不同优化目标的权重来调节各目标之间的均衡关系，进而调节各优化目标在影响大规模定制模式下供应链资源整合优化中的作用，使决策优化过程更好地贴近实际。

鉴于协作成员目标定位研究的前沿性及其所涵盖内容的复杂性，今后的研究中应进一步挖掘影响整合双方的目标定位主导因素，并从动态整合的角度深入剖析目标定位对供应链资源整合的影响。

7 基于成员目标定位的 MC 模式下供应链计划调度优化

7.1 本章引言

第 6 章分析了基于协作成员目标定位的大规模定制模式下供应链资源整合决策问题，构建了相应的决策优化模型及求解算法。而合理的资源整合只是供应链运作成功的第一步。在资源整合的基础上，还必须探讨如何基于协作成员的不同目标定位进行供应链计划调度优化的问题，才能保证客户个性化的定制需求任务能够及时得到实现，在满足客户价值满意度的前提下，实现整个供应链网络的收益。这是本章所要探讨的核心内容。

鉴于本书第 4 章已经对基于协作成员目标定位的大规模定制模式下供应链运作过程中的收益与风险进行了分析，在此基础上，本章将该收益与风险判定思路引入大规模定制模式下的供应链计划调度优化过程。同时，为了体现不同协作成员目标定位对供应链调度的影响，本章还探讨了如何将该目标定位问题引入供应链计划调度的机理与方法。

本章建立了基于协作成员目标定位的大规模定制模式下供应链计划调度优化模型，并建立了改进的蚁群寻优算法对其进行求解。最后，通过算例分析验证了决策方法和算法的可行性、有效性与实际可操作性。

7.2 供应链计划调度研究背景

随着社会经济的发展，人们的消费观念不断变革，客户个性化需求程度不断加深。对产品生产企业或服务企业而言，在其自身资源与能力无法满足生产活动要求时，通过构建供应链网络实现非核心业务外包、获取外部资源已成为重要的途径之一。其中，如何进行复杂动态供应链的计划与调度问题是一个必须解决的重要课题。复杂动态供应链计划调度的关键是处理由客户需求的随机性和供应链协作成员复杂协作与竞争关系引发的生产能力随机性给计划调度决策带来的复杂影响关系（Yao 和 Liu，2009；姚建明、周国华，2003）。

因此，要提高供应链的计划调度效率，必须合理处理该运作过程中的随机性与动态性问题。显然，要解决该问题，除了应通过客观合理的市场需求预测来把握客户的需求不确定性以外，如何降低协作成员的协作关系与产能信息的不确定性也是一个重要的战略问题（姚建明、周国华，2003）。

目前，已有不少学者对供应链计划调度的过程（Moon 等，2008）、模式（Lee 等，2002）以及方法（Zegordi 等，2010）等问题进行了研究，但针对大规模定制模式下的供应链计划调度问题的研究（姚建明，2009；姚建明、周国华，2003；姚建明、蒲云，2005；姚建明等，2007；Yao，2013；Yao 和 Liu，2009；等等）以及针对动态随机供应链计划调度问题的研究（Hung 等，2006；Guillén 等，2004）仍较少。

与一般供应链计划调度问题不同的是，一方面，大规模定制模式下随机动态的计划调度优化问题本身就是一个难解问题，其中必将涉及多个目标的动态组合优化求解过程；另一方面，由于复杂动态供应链模式下协作成员之间的协作与竞争关系将表现得更为复杂，对每个参与计划调度的成员而言，如何获取协作收益与规避风险都是其十分关注的两个基本目标，并且协作收益与协作风险之间存在明显的相悖关系；再有，不同供应链协作成员在参与不同定制任务外包活动时表现出的目标定位将表现出明显差异，这一差异不仅影响短期定制协作任务的顺利完成（如影响任务完成的成本、时间、质量等），而且对于大规模定制模式下供应链系统的长期战略目标的实现都具有潜在的影响作用。

因此，要做好大规模定制模式下供应链计划调度优化，必须首先处理好协作收益与风险的关系问题，处理好协作成员的目标定位问题。

7.3 供应链计划调度中的收益关系

对任何参与供应链计划调度任务的协作成员而言，获取收益与规避风险是两个基本目标，特别是在大规模定制模式下的复杂动态供应链运作环境下，这两个问题表现得更为突出。

众所周知，作为供应链计划调度主体的核心企业，其选择协作成员进行生产或服务活动计划调度的直接目的是通过外包获取外部资源，弥补自身资源或能力的限制，以灵活的方式实现针对某定制生产或服务活动的目的。而与之相对，作为计划调度对象的协作成员，其参与协作并接受计划调度任务的直接原因也在于通过供应链网络平台获取外部可利用资源，实现自身协作利益最大化。

显然，不论是核心企业还是协作成员，其在参与协作之前必将对自己在本次协作过程中的可能收益进行评估。应注意的是，可能的协作收益中不仅包括由于参与本次定制生产/服务活动带来的直接收益，还可能包括由于参与协作而带来的间接或长远收益，如通过协作关系带来的信誉度提升、品牌价值增值、在市场中的竞争地位攀升等而导致的抗风险能力增强、协作伙伴增多、协作关系稳固、链式收益（姚建明等，2005）水平提升等，因此可将参与协作的直接收益与间接收益之和称为协作的期望收益，参考本书第 4 章分析所述。

在供应链环境下，核心企业作为计划调度的主体，一方面，试图通过计划调度过程保证自身收益的最大化；另一方面，作为供应链网络中的协作成员之一，其对协作期望收益的判定也必然符合这一规律。因此，在对其他协作成员的优选决策过程中，对期望收益大小的判断必然要成为供应链计划调度决策优化的目标之一。

同时需注意的是，供应链环境是一个协同运作的体系，核心企业在试图满足自身收益最大化的同时，也必须考虑供应链系统的收益满意度以及其他协作成员各自的收益满意度，显然这里存在一个整体与局部、主体与客体之间的利益平衡矛盾问题。

为了解决上述问题，本书第 4 章提出供应链运作中的收益偏好关系，即将协作成员的协作满意收益偏好思想引入大规模定制模式下的供应链运作过程。其主要体现在两个约束关系中：一是供应链计划调度优化目标函数中的供应链系统协作收益最大化关系，如式（7－1）所示；二是约束条件中的协作成员收益偏好满意度约束关系，如式（7－2）所示。

$$\max U_{SC} = \sum_{i=1}^{n} \Phi_i U_i \tag{7-1}$$

$$U_i \geqslant U_{\min.i} \tag{7-2}$$

式中，U_{SC} 为某时刻整个供应链体系的总合收益满意度；n 为该时刻进行该项定制生产活动的供应链协作成员数；U_i 为各协作成员的收益偏好满意度；Φ_i（$0 \leqslant \Phi_i \leqslant 1$）为各协作成员的收益偏好满意度对供应链系统收益满意度的贡献因子；$U_{\min.i}$ 为协作成员 i 可接受收益偏好满意度的下限。

由于进行某项定制生产的供应链体系是一个有机系统，在达到各协作成员收益偏好满意度的前提下，使整个供应链体系的收益最大化是一个非常现实的优化目标。为此，本章将在大规模定制模式下的供应链计划调度决策优化模型及算法中体现上述关系。

7.4 供应链计划调度的协作风险

在供应链计划调度过程中，不论是对协作成员进行定制任务配给还是对其进行管理、协调及控制活动，除了考虑协作成员的收益水平和其收益满意度之外，如何控制协作风险无疑是需要考虑的另一个重要问题。本书第4章曾对供应链协作中的主要风险进行了分析和分类，指出供应链协作的风险可能来自多个方面，可将其总结并归纳为4个主要类型，即协作的履约风险、协作的信息风险、协作的战略风险以及协作的融合风险，如表4－2所示。

为了将供应链协作风险思想引入本章所分析的大规模定制模式下的供应链计划调度优化决策过程，基于表4－2分析，可设定协作成员（包括作为计划调度主体的核心企业）针对某项定制生产/服务活动主观认定的协作风险为 R，则 R 的大小可由式（7－3）决定：

$$R = w_1 R_{con} + w_2 R_{inf} + w_3 R_{str} + w_4 R_{fus} \tag{7-3}$$

式中，R_{con}、R_{inf}、R_{str} 和 R_{fus} 分别为协作的履约、信息、战略以及融合风

险；w_1、w_2、w_3和w_4分别为各风险的权重。

不同的协作风险对供应链运营的短期收益与长期收益影响程度是不同的。对供应链计划调度中的协作成员选择决策而言，必须根据某特定定制生产/服务活动所需的协作特点与协作目标进行综合考虑与评判。比如，对某短期生产活动的协作成员（如大规模定制产品物流活动所需的第三方物流企业成员）而言，供应链协作风险的重点应放在对短期收益具有较大影响的风险因素上；而对某长期生产活动的协作成员（如某高科技定制产品的长期供应商）而言，则必须从协作后供应链的短期收益与长期收益两个方面看待协作的风险问题。显然，短期的成员协作更应关注协作的履约风险与信息风险，而长期的协作则更应关注协作的战略风险与融合风险，特别是通过海外并购进行成员协作时，如何抵御因双方文化无法融合而产生的风险是一个重要的战略问题等。这些在本书第4章已有论述。

在本章构建的基于协作成员目标定位的大规模定制模式下供应链计划调度优化模型及求解算法中，我们也将引入协作风险作为另一个决策优化目标，并通过设定不同优化目标的权重来灵活调节各目标之间的均衡关系，调节各优化目标在影响计划调度决策中的作用。

7.5 基于目标定位的几个基本关系

在本书第4章中，我们探讨了不同协作成员的目标定位对供应链运作的不同影响关系。其中表4-1描述了不同协作成员的目标定位同供应链运作收益之间的关系，表4-3则描述了不同协作成员目标定位对供应链运作风险的关系。表7-1描述了不同协作成员目标定位对供应链运作收益、风险以及运作参数（计划调度优化参数）的基本关系。

表7-1 成员目标定位对供应链收益、风险及运作参数的关系

短期合作意愿类型	协作风险	风险类型		协作收益	运作参数
		履约风险	信息风险	现实收益	
强烈	低	低	低	高	
较强烈	较低	较低	较低	较高	

续表

<table>
<tr><td rowspan="2">短期合作意愿类型</td><td rowspan="2">协作风险</td><td colspan="2">风险类型</td><td>协作收益</td><td rowspan="2">运作参数</td></tr>
<tr><td>履约风险</td><td>信息风险</td><td>现实收益</td></tr>
<tr><td>折中</td><td>折中</td><td>折中</td><td>折中</td><td>折中</td><td rowspan="12">单位任务处理成本、任务处理时间窗误差、任务处理质量、任务处理能力提供等</td></tr>
<tr><td>较低迷</td><td>较高</td><td>较高</td><td>较高</td><td>较低</td></tr>
<tr><td>低迷</td><td>高</td><td>高</td><td>高</td><td>低</td></tr>
<tr><td rowspan="2">长期合作意愿类型</td><td rowspan="2">协作风险</td><td colspan="2">风险类型</td><td>协作收益</td></tr>
<tr><td>战略风险</td><td>融合风险</td><td>期望收益</td></tr>
<tr><td>强烈</td><td>低</td><td>低</td><td>低</td><td>高</td></tr>
<tr><td>较强烈</td><td>较低</td><td>较低</td><td>较低</td><td>较高</td></tr>
<tr><td>折中</td><td>折中</td><td>折中</td><td>折中</td><td>折中</td></tr>
<tr><td>较低迷</td><td>较高</td><td>较高</td><td>较高</td><td>较低</td></tr>
<tr><td>低迷</td><td>高</td><td>高</td><td>高</td><td>低</td></tr>
</table>

7.6 协作成员目标定位决策

表7－1描述出这样一个结论，对于相同的定制生产任务或不同的生产任务而言，不同供应链协作成员在处理该任务时所表现出的单位任务处理成本、任务处理时间窗误差、任务处理能力以及任务处理质量等基本运作因素都有可能存在很大差异。即使是同一个协作成员，由于其参与相同定制任务处理过程的协作时间不同，其可用任务处理能力、单位任务处理成本、任务处理时间窗以及任务处理质量等都有可能不同，详见姚建明、周国华（2003）相关文献的分析。这些因素将直接受到各协作成员目标定位的影响。换句话说，不同协作成员的目标定位决定了其参与供应链协作时收益与风险的不同判断，这一判断必然影响其在定制任务处理时各供应链运作参数的差异表现。

为了将上述协作成员的目标定位思想引入大规模定制模式下的供应链计划调度决策优化过程，本章引入本书第6章对成员目标定位的处理思想。如表7－2所示，在大规模定制模式下的供应链运作中，针对不同的定制任务，核心企业都会拟订各运作参数的协作期望值。而不同的协作成员在不同的目标定位引导下，也会针对不同的运作参数拟订自己的协作参数值。

表 7－2　　基于目标定位的影响关系

核心企业针对不同 $MC_n=\{V_n, P_n, T_n, \cdots\}$ 引导下的运作参数期望值	协作成员目标定位引导下的各参数值				
	O_{1n}	O_{2n}	O_{3n}	O_{4n}	…
单位定制任务成本（C）	C_{1n}	C_{2n}	C_{3n}	C_{4n}	…
定制任务处理时间窗误差（U）	U_{1n}	U_{2n}	U_{3n}	U_{4n}	…
定制任务处理能力供给（A）	A_{1n}	A_{2n}	A_{3n}	A_{4n}	…
定制任务处理质量（Q）	Q_{1n}	Q_{2n}	Q_{3n}	Q_{4n}	…
⋮	⋮	⋮	⋮	⋮	…

在本章所建立的基于协作成员目标定位的大规模定制模式下供应链计划调度优化过程中，我们可以将核心企业根据定制任务特征拟订的各参数的期望值与不同协作成员所提供的各参数实际值之间的欧式距离的最小化作为计划调度优化的一个主要优化目标，以此来衡量不同协作成员目标定位与核心企业目标定位的一致性，并将其引入优化模型与求解算法中。

7.7　供应链计划调度优化模型

1. 相关说明

大规模定制模式下供应链计划调度的特征之一是由客户订单的不确定性引发的随机性与动态性。为了降低该不确定性，需要在计划调度时对订单进行分解（姚建明，2009），基于延迟策略（Postponement）技术最大化地满足客户需求与生产过程的效率。

因此，设 N_0 为核心企业在某段时期（比如一个调度周期，例如，DELL 的调度周期为 1.5 小时）内接到的客户订单总数，设 G 为在调度起始时刻核心企业根据 N_0 个订单中不同订单起始生产阶段划分的类别数，设 h 为 G 中的每类待处理定制任务类别索引，设 M_g 为将 G 中的每类待处理定制任务类别所包含的订单分类后所得到的类别总数（$g=1, 2, \cdots, G$），设 i 为 M_g 类订单集合中各类订单索引，设 N_m 为 M_g 类订单中每类订单拥有的客户订单总数（$m=1$，2，…，M_g），设 j 为第 N_m 类订单集合中各订单索引，则每个客户订单索引为（h，i，j）。

设核心企业根据 N_0 个订单的待处理定制任务所需安排的计划调度起始时刻为 t_{start}，供应链系统对该待处理定制任务的处理阶段总数为 K（k 为 K 个处理阶段中各阶段的索引，t_k 为第 k 个处理阶段的起始时刻）。

如图 7－1 所示，设 K 个处理阶段中，每阶段拥有的协作成员总数为 N_k。对于核心企业参与的阶段而言，设其划分为 N_k 个任务处理组（或称为业务组），设每阶段 N_k 个协作成员集合中的协作成员个体索引为 r（$r=1$，2，…，N_k），则供应链中第 k 个任务处理阶段中的第 r 个协作成员的索引为（k，r）。

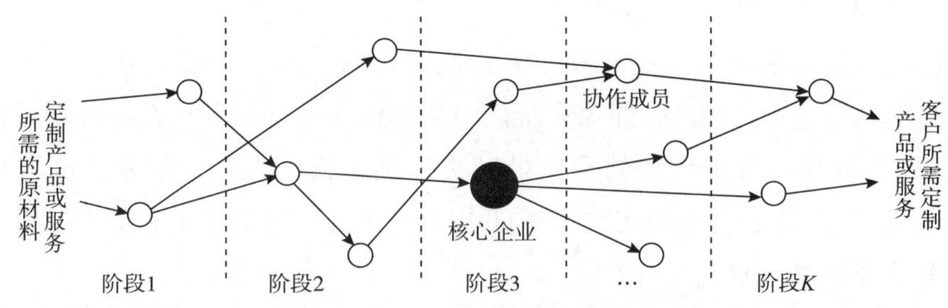

图 7－1　供应链系统及阶段划分示意

不论是一般供应链环境还是复杂动态的大规模定制模式下的供应链环境，满足客户订单的基本需求是一个必要前提。随着客户个性化需求程度的不断加深，客户对提供产品或服务的时限性要求也越来越高。因此，设 $T_{\text{D. }hij}$（t_k）为订单（h，i，j）要求的客户交货期；设 $T_{kr.\,hij}$（t_k）为协作成员（k，r）对订单（h，i，j）在第 k 阶段任务处理所需的时间；由计划调度主体——核心企业根据主、客观影响因素设定的协作成员（k，r）对订单（h，i，j）在第 k 阶段任务处理所需期望处理时间为 $T_{\text{E.}\,k.\,hij}$（t_k）；设订单（h，i，j）在协作成员（$k+1$，r）处处理时，该协作成员对（h，i，j）在（k，r）处理时其实际处理时间与期望处理时间之差绝对值的可接受上限为 $T_{k+1.\,hij}$（t_k）。

则从任务处理的时间性角度讲，合理计划调度希望的是任务处理过程的准时传递，即在每个阶段处理任务，均能最好地满足该阶段的期望处理时间要求。考虑到该过程中可能有意外情况的发生，如交通事故、库房倒塌、停水、停电等非人为因素影响而有可能使交货延期，这里引入β作为延期交货容忍系数，β的上限β_{max}应由核心企业协商各协作成员确定，如果未能在约定交货期交货，应给予用户相关补偿，其中，$0<\beta<\beta_{max}<1$。

在定制任务的处理成本方面，设协作成员（k，r）对订单（h，i，j）在第k阶段的单位任务处理成本为$C_{kr.hij}$（t_k），而由计划调度主体——核心企业确定的，对订单（h，i，j）在第k阶段的期望单位任务处理成本为$C_{E.k.hij}$（t_k）。

针对产品或服务任务的处理能力及质量约束，设订单（h，i，j）在第k阶段处理时，对该阶段的最小空余处理能力要求为$A_{dem.k.hij}$（t_k），而第k阶段中某协作成员（k，r）在t_k时刻对订单（h，i，j）的空余任务处理能力供给为$A_{kr.hij}$（t_k）。而由核心企业确定的，对订单（h，i，j）在第k阶段的期望空余任务处理能力为$A_{E.k.hij}$（t_k）。

同理，设订单（h，i，j）在第k阶段处理时，对该阶段的基本任务处理质量要求为$Q_{dem.k.hij}$（t_k），而第k阶段中某协作成员（k，r）在t_k时刻对订单（h，i，j）处理时可提供的处理质量（也包括运输、库存、服务质量等）为$Q_{kr.hij}$（t_k）。由核心企业确定的，对订单（h，i，j）定制任务在第k阶段的期望任务处理质量为$Q_{E.k.hij}$（t_k）。

在协作收益方面，设$E_{kr.hij}$（t_k）为核心企业选择（k，r）对订单（h，i，j）任务处理时的期望协作收益；设$E_{c.kr.hij}$（t_k）为协作成员（k，r）对订单（h，i，j）任务处理时的期望协作收益；设$E_{c.min.kr.hij}$（t_k）为协作成员（k，r）对订单（h，i，j）任务处理时的期望协作收益最小可接受值；设E_{sc}（t_k）为t_k时刻整个供应链体系的总合收益满意度；设$\rho_{E.kr}$（t_k）为协作成员（k，r）对供应链体系总合收益满意度的贡献因子（$0\leq\rho_{E.kr}$（t_k）≤1）。

不同的协作成员（k，r）对应不同的贡献因子值。当各协作成员的收益偏好满意度均达到最大值，且所有$\rho_{E.kr}$（t_k）等于1时，供应链系统的总合收益满意度将达到理想中的最大值。

在协作风险方面，设$R_{kr.hij}$（t_k）为核心企业选择（k，r）对订单（h，i，j）任务处理时的主观认定协作风险；设$R_{c.kr.hij}$（t_k）为协作成员（k，r）对订单（h，i，j）任务处理时的主观协作风险；设$R_{c.max.kr.hij}$（t_k）为协作成员（k，r）对订单（h，i，j）任务处理时的主观协作风险最大可接受值；设R_{sc}（t_k）为t_k时刻整个供应链体系的综合风险控制满意度；设$\rho_{R.kr}$（t_k）为协作成员（k，r）对供应链体系综合风险控制满意度的贡献因子（$0 \leqslant \rho_{R.kr}$（t_k）$\leqslant 1$）。

不同的协作成员（k，r）对应不同的贡献因子值。当各协作成员的风险控制满意度均达到最大值，且所有$\rho_{R.kr}$（t_k）等于1时，供应链系统的综合风险控制满意度将达到理想中的最大值。

定义变量$f_{kr.hij}$（t_k），当订单（h，i，j）选择协作成员（k，r）进行任务处理时，$f_{kr.hij}$（t_k）$=1$，其他情况下$f_{kr.hij}$（t_k）$=0$。

2. 优化模型

（1）目标函数如下。

$$\min Z_1 = \sum_{k=1}^{K}\sum_{r=1}^{N_k}\sum_{h=1}^{G}\sum_{i=1}^{M_g}\sum_{j=1}^{N_m}[C_{kr.hij}(t_k)f_{kr.hij}(t_k)] \tag{7-4}$$

$$\min Z_2 = \sum_{k=1}^{K}\sum_{r=1}^{N_k}\sum_{h=1}^{G}\sum_{i=1}^{M_g}\sum_{j=1}^{N_m}[\,|T_{E.k.hij}(t_k) - T_{kr.hij}(t_k)|\,f_{kr.hij}(t_k)] + \beta \tag{7-5}$$

$$\min Z_3 = \left|\sum_{j=1}^{N_m} f_{kr.hij}(t_k) - N_m\right| \tag{7-6}$$

$$\max Z_4 = \sum_{k=1}^{K}\sum_{r=1}^{N_k}\sum_{h=1}^{G}\sum_{i=1}^{M_g}\sum_{j=1}^{N_m}[E_{kr.hij}(t_k)f_{kr.hij}(t_k)] \tag{7-7}$$

$$\min Z_5 = \sum_{k=1}^{K}\sum_{r=1}^{N_k}\sum_{h=1}^{G}\sum_{i=1}^{M_g}\sum_{j=1}^{N_m}[R_{kr.hij}(t_k)f_{kr.hij}(t_k)] \tag{7-8}$$

$$\min Z_6 = \sum_{k=1}^{K}\sum_{r=1}^{N_k}\sum_{h=1}^{G}\sum_{i=1}^{M_g}\sum_{j=1}^{N_m}\{[C_{E.k.hij}(t_k) - C_{kr.hij}(t_k)]^2 + [T_{E.k.hij}(t_k) - T_{kr.hij}(t_k)]^2 + [Q_{E.k.hij}(t_k) - Q_{kr.hij}(t_k)]^2 + [A_{E.k.hij}(t_k) - A_{kr.hij}(t_k)]^2\}^{\frac{1}{2}} f_{kr.hij}(t_k) \tag{7-9}$$

（2）约束条件如下。

$$\sum_{h=1}^{G}\sum_{i=1}^{M_g}\sum_{j=1}^{N_m} A_{dem.k.hij}(t_k) \leqslant \sum_{r=1}^{N_k} A_{kr.hij}(t_k) \tag{7-10}$$

$$T_{D.hij}(t_k) \leqslant \sum_{k=1}^{K}\sum_{r=1}^{N_k}[T_{kr.hij}(t_k)f_{kr.hij}(t_k)] \leqslant (1+\beta)T_{D.hij}(t_k) \tag{7-11}$$

$$|T_{E.kr.hij}(t_k) - T_{kr.hij}(t_k)| \leqslant \max T_{k+1.hij}(t_k) \tag{7-12}$$

$$\sum_{r=1}^{N_k}\sum_{h=1}^{G}\sum_{i=1}^{M_g}\sum_{j=1}^{N_m} f_{kr.hij}(t_k) = N_0 \tag{7-13}$$

$$\sum_{r=1}^{N_k} f_{kr.hij}(t_k) = 1 \tag{7-14}$$

$$E_{c.kr.hij}(t_k) \geqslant E_{c.min.kr.hij}(t_k) \tag{7-15}$$

$$R_{c.kr.hij}(t_k) \geqslant R_{c.max.kr.hij}(t_k) \tag{7-16}$$

$$Q_{kr.hij}(t_k) \geqslant Q_{dem.k.hij}(t_k) \tag{7-17}$$

式中，$f_{kr.hij}(t_k)=0$ 或 1；$k=1, 2, \cdots, K$；$r=1, 2, \cdots, N_k$；$h=1, 2, \cdots, G$；$i=1, 2, \cdots, M_g$；$j=1, 2, \cdots, N_m$。

3. 模型说明

（1）目标函数说明如下。

模型中，式（7－4）为总定制任务处理成本最小化优化函数。

式（7－5）为交货期满意优化函数，其运作主线在于优化任务处理的准时性。从该式构成来看，作为一个供应链系统，核心企业对某定制任务在供应链体系的对应阶段处理时，均有其相对满意的期望处理时间（期望交货期）。协作成员对该任务的实际处理时间与期望处理时间越接近，越能保证产品或服务最终对客户的准时交付要求，同时越能增强供应链体系运作过程的稳定性，实现运作目标，使得供应链体系获得较大的综合收益。

式（7－6）为定制任务处理的规模效应优化函数。对于供应链中任一协作成员而言，式（7－6）值越小，其对某一类具有较强相似性的订单集合在该阶段处理的同期处理批量越大，规模效应水平越高。

式（7－7）为协作的期望收益最大化优化函数，间接反映了计划调度主体——核心企业对协作关系的战略导向与判定。

式（7－8）为协作风险最小化优化函数，也间接反映了核心企业对协作成员当前协作风险与长期潜在协作风险的把握程度。

式（7－9）为供应链协作成员目标定位一致性优化函数，其运作主线在于优化各阶段协作成员实际运作参数与核心企业期望运作参数欧式距离。显然，该目标值越小，表明核心企业所选择的协作成员与自己目标定位的一致性越强。

（2）约束条件说明如下。

式（7－10）为动态空余任务处理能力约束关系。

式（7－11）为定制任务处理的交货期约束关系。

式（7－12）为定制任务处理阶段的承接性约束关系，保证了同一产品或服务在供应链不同阶段处理时各阶段的接续顺畅。同时，该约束条件也间接反映了在供应链运作体系中，由于是作为一个系统来运行，各协作成员在对其自身利益进行决策时，必须充分考虑系统中其他成员的利益要求，才能达成合理的协作关系，实现任务的顺利完成。

式（7－13）为产品或服务任务处理的阶段性约束，保证接到的所有订单必须经过所有的任务处理阶段（当然，实际上某些订单或某些订单的归属任务在某些阶段可能不参加处理，即可能会经过某些虚拟任务处理阶段）。

式（7－14）为定制任务处理的归属唯一性约束，保证了每一定制任务都由其对应的协作成员完成，不会出现重复处理的现象。

式（7－15）为协作成员的协作期望收益满意度约束关系，保证了供应链的任务协作关系是建立在各协作成员自身对期望协作收益基本满意基础上的，否则协作成员将不会参与协作任务处理。

式（7－16）为协作成员的协作风险控制满意度约束关系，保证了供应链的任务处理协作关系是建立在各协作成员自身能够将协作风险控制在基本满意的范围基础上的，否则协作成员将不会参与协作任务处理。

式（7－17）为产品或服务的任务处理质量约束关系，这是达到客户产品或服务满意水平的基本要求。

7.8 求解算法分析

由于上述优化模型涉及6个优化目标及多个约束关系，因此这里选取具有良好性能（如快速收敛到全局近似最优解、方便携带多属性特征等）的蚁群算法（参考本书第6章所述）并通过对其进行相应的设计和改进进行求解。表7－3反映了供应链计划调度决策行为同蚂蚁觅食寻优行为之间的对应关系。

表7－3 计划调度决策同蚂蚁觅食寻优之间的对应关系

计划调度优化行为	开始	结束	定制任务处理活动	供应链协作成员	运作参数差异	计划调度多目标优化
蚂蚁觅食寻优行为	巢穴	食物	不同类型的蚂蚁	觅食路径	路径差异	觅食行为多目标优化

1. 算法说明

(1) 算法中，将供应链每个协作成员看作一个独立的任务处理单元，该单元在定制任务处理过程中每一时刻都拥有相对确定的运作参数（如任务处理成本、任务处理的时限、期望协作收益、主观协作风险、任务处理质量、任务处理能力等）。

(2) 由于不同计划调度任务的特点决定了任务对应蚂蚁在供应链网络中均有一些成员无须经过，比如满足不了基本约束条件（如式（7-10）至式（7-17）所示）的协作成员，为了加快算法收敛可将这些节点设为禁入节点。

(3) 定制任务处理的准时问题。为了最大化地满足客户对定制产品或服务的需求水平，交付的准时性毋庸置疑（即对客户而言，准时交付将好于和优于提前或推迟交付）。对于定制任务处理的每一阶段，均有其要求的期望交付期。因而，在供应链计划调度过程中，寻找各阶段中与期望交付期最为接近的成员将是一个重要的优化目标，这是构筑算法时必须要解决的问题。

(4) 供应链网络任务处理的拥塞问题。由于供应链协作处理的特点，为了实现任务处理效率，产品或服务任务处理的某些阶段可能跨越多个处理阶段同时进行。多个订单同时进行处理，供应链网络中的某些节点可能存在任务拥塞问题，这也是构筑算法时所要考虑的问题。

(5) 为了保证供应链体系作为一个系统而言其综合收益最大化，要求多个协作成员在计划调度之后不得擅自变动其局部定制任务的交付期。当然，协作成员针对其他供应链协作关系的内部任务处理时间调整是可以的。

2. 算法描述

如图7-2所示，设某一计划调度调整时刻的供应链网络均由源点、宿点及二者之间的协作成员节点构成。网络中的阶段划分将根据 t_k 时刻多个订单任务处理的实际要求动态确定。在算法进行中，蚂蚁将从源点通过网络移动到宿点，随后死亡。由于蚂蚁不返回，因而不同路径上的信息素含量将根据不同协作成员的任务处理参数智能确定。

(1) 蚂蚁的构造。为了使算法得以实现，本章在构造蚂蚁时采取特殊方

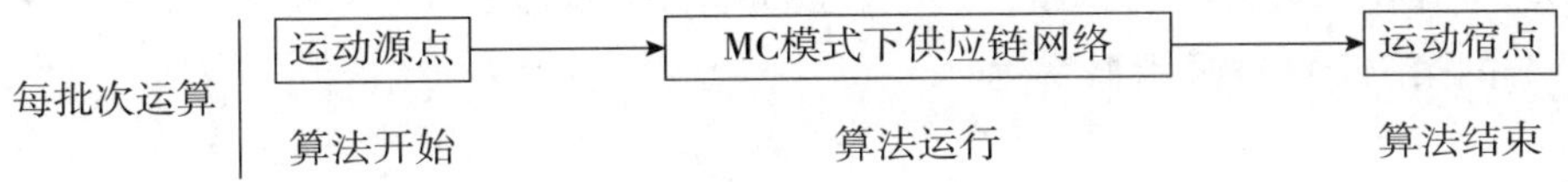

图7－2 寻优算法每批次运算示意

法，即对蚂蚁的类别进行两步划分：第一步，按客户订单的定制任务类型划分，每一类订单对应一类蚂蚁；第二步，同类订单中按任务处理的起始阶段进行划分，不同的起始阶段对应不同类型的蚂蚁。

设t_k时刻需计划调度的订单类型为n类，每一类中的不同任务处理起始阶段类别为m_i（$i=1,2,\cdots,n$）类，则蚂蚁构造为$\sum_{i=1}^{n} m_i$类，用A_{ij}（$i=1,2,\cdots,n;j=1,2,\cdots,m_i$）表示。

（2）对每一类蚂蚁A_{ij}，由其定制任务处理特点决定了在供应链网络中均有一些节点无须经过，为了加快算法收敛，将这些节点针对不同类型的蚂蚁设为禁入节点。

（3）根据定制任务处理成本最小化规则设定路径的选择概率。设t_k时刻A_{ij}的可行域是M_{ij}（协作成员构成的集合）。（kr）表示不同供应链定制任务处理阶段k（$k=1,2,\cdots,K$）中的第r（$r=1,2,\cdots,N_k$）个协作成员。

由于供应链计划调度的优化目标之一为定制任务处理成本最小化，故设A_{ij}类蚂蚁在经过（kr）后遗留信息素的量（由$\pi_{ij.kr}^{(1)}$表示）同单位定制任务处理成本（C）成反比，则协作成员（kr）对A_{ij}的第（1）类吸引概率为：

$$P_{\mathrm{A}}^{(1)} = \pi_{ij.kr}^{(1)} / \sum_{r=1}^{N_k} \pi_{ij.kr}^{(1)} \tag{7-18}$$

（4）根据定制任务处理的准时性规则设定路径的选择概率。设A_{ij}在第k阶段的期望任务处理时限为T_{E}，由于供应链协作关系动态性的特点，某成员可能因为同时也和其他供应链网络存在协作关系而需按其自身任务处理进程进行业务竞标。设其竞标任务处理期限为T_{S}，并设任务处理的时限性容忍量$T=|T_{\mathrm{E}}-T_{\mathrm{S}}|$，为了满足定制任务处理的准时性和不同任务处理阶段的衔接连贯性，T越小越好。当然，有时T的大小同任务处理成本存在一定关系，这个关系要求供应链系统进行统一权衡。设A_{ij}类蚂蚁经过（kr）后遗留信息

素量（由 $\pi_{ij.kr}^{(2)}$ 表示）同定制任务处理的时限性容忍量（T）成反比，则（kr）对 A_{ij} 的第（2）类吸引概率为：

$$P_{\mathrm{A}}^{(2)} = \pi_{ij.kr}^{(2)} / \sum_{r=1}^{N_k} \pi_{ij.kr}^{(2)} \tag{7-19}$$

（5）根据期望协作收益最大化规则设定路径的选择概率。由于大规模定制模式下供应链计划调度的优化目标之一为协作收益最大化，故设 A_{ij} 类蚂蚁经过（kr）后遗留信息素量（由 $\pi_{ij.kr}^{(3)}$ 表示）同与该协作成员协作时可能获取的期望协作收益（E）成正比，则协作成员（kr）对 A_{ij} 的第（3）类吸引概率为：

$$P_{\mathrm{A}}^{(3)} = \pi_{ij.kr}^{(3)} / \sum_{r=1}^{N_k} \pi_{ij.kr}^{(3)} \tag{7-20}$$

（6）根据协作风险最小化规则设定路径的选择概率。由于大规模定制模式下供应链计划调度的优化目标之一为协作风险最小化，故设 A_{ij} 类蚂蚁在经过（kr）后遗留信息素量（由 $\pi_{ij.kr}^{(4)}$ 表示）同与该协作成员协作时可能的协作风险（R）成反比，则协作成员（kr）对 A_{ij} 的第（4）类吸引概率为：

$$P_{\mathrm{A}}^{(4)} = \pi_{ij.kr}^{(4)} / \sum_{r=1}^{N_k} \pi_{ij.kr}^{(4)} \tag{7-21}$$

（7）根据协作成员目标定位一致性规则设定路径的选择概率。由于大规模定制模式下供应链计划调度的优化目标之一为协作成员目标定位的一致性，故设 A_{ij} 类蚂蚁在经过（kr）后遗留信息素量（由 $\pi_{ij.kr}^{(5)}$ 表示）同与该协作成员协作时的目标定位一致性误差（O）成反比，则协作成员（kr）对 A_{ij} 的第（5）类吸引概率为：

$$P_{\mathrm{A}}^{(5)} = \pi_{ij.kr}^{(5)} / \sum_{r=1}^{N_k} \pi_{ij.kr}^{(5)} \tag{7-22}$$

设协作成员协作时的目标定位一致性误差（O）等于某定制任务处理阶段中某协作成员的实际运作参数与核心企业期望运作参数欧式距离的值。显然该值越小，说明协作成员的目标定位与核心企业的目标定位越接近，其目标定位的一致性越强。

（8）根据任务处理能力的有限原理设定路径的排斥概率。由于可设定同类蚂蚁的信息素相互吸引，不同类蚂蚁的则相互排斥。为了实现计划调度决策中的协作成员能力约束问题以及同类订单归属的规模任务处理效应问题，需设定排斥概率，以解决可能形成的通过某成员蚁流拥塞问题和任务分配混乱问题。

设非A_{ij}类蚂蚁A_{pq}通过某成员（kr）后遗留信息素量为$\rho_{pq.kr}$，则其对A_{ij}类蚂蚁的排斥概率为：

$$P_{\mathrm{R}} = \rho_{pq.kr} / \sum_{r=1}^{N_k} \rho_{pq.kr} \ (p = i, q \neq j; p \neq i, q = j; p \neq i, q \neq j) \quad (7-23)$$

（9）蚂蚁选择路径的综合概率。通过以上（3）至（8）分析，本章定义A_{ij}选择协作成员（kr）的综合概率为：

$$P_{ij.kr} = \omega P_{\mathrm{A}}^{(1)} + \xi P_{\mathrm{A}}^{(2)} + \psi P_{\mathrm{A}}^{(3)} + \zeta P_{\mathrm{A}}^{(4)} + s P_{\mathrm{A}}^{(5)} + \mu(1 - P_{\mathrm{R}}) \quad (7-24)$$

式中，$\omega, \xi, \psi, \zeta, \varsigma, \mu(0 < \omega, \xi, \psi, \zeta, \varsigma, \mu < 1; \omega + \xi + \psi + \zeta + \varsigma + \mu = 1)$为调整系数，反映了吸引和排斥概率的期望权系数。

（10）信息素的更新规则。与传统方法不同，由于本章构造的蚂蚁具有单向运动性，因而对协作成员节点信息素的更新由算法自动完成。为表示简化，由Φ统一代表上述$\pi^{(1)}$、$\pi^{(2)}$、$\pi^{(3)}$、$\pi^{(4)}$、$\pi^{(5)}$和ρ，更新规则为：

$$\begin{aligned} \Phi(t+1) &= \Phi(t) + \Delta\Phi(t, t+1) - \lambda\Phi(t) \\ &= (1-\lambda)\Phi(t) + \Delta\Phi(t, t+1) \end{aligned} \quad (7-25)$$

式中，$\Phi(t)$和$\Phi(t+1)$分别为蚂蚁第t次和第（$t+1$）次通过某协作成员节点后遗留的总合信息数量；$\Delta\Phi(t, t+1)$为第$t+1$次遗留信息素量；$\lambda(0 < \lambda < 1)$为信息素的挥发系数。

3. 算法步骤

设在每次计划调度时算法执行一次，从而动态进行定制任务的配给决策。由于供应链成员之间具有较为复杂的目标定位关系以及协作与竞争关系，因而找到完全最优解是困难的。实际上应从多个方面进行权衡（如本章提出的6个优化目标），在求解之前提出一个可以主观接受的期望满意水平，当算法收敛到使各项优化指标达到该水平时即可停止。算法步骤如下。

（1）核心企业根据定制产品或服务任务活动确定待调度协作成员类别，构造蚂蚁类别，确定可行域。

（2）确定不同蚂蚁类别经过不同协作成员时，各成员对定制任务处理成本（C）、定制任务处理的时限性容忍量（T）、期望协作收益（E）、主观协作风险（R）以及协作成员目标定位一致性误差（O）等参数的量值，确定它们同各类蚂蚁遗留信息素量的关系。

(3) 按计划调度的历史经验及现实数据分析确定各目标优化的期望满意水平。

(4) 设定及调整 ω，ξ，ψ，ζ，ς，μ，λ 等系数值。

(5) 在源点产生第 t 批次（初始时 $t=1$）蚂蚁，每批次中包含各类蚂蚁若干。使其向宿点运动，到达后全部消失。按式（7－25）规则更新各节点信息素，蚂蚁批次自动加1（即 $t=t+1$）。

(6) 记录该批次中各协作成员通过蚂蚁数量。判断蚂蚁数量是否达到稳定值（即和前一批次相比选择该节点的蚂蚁数量无明显变化，或连续几个批次中蚂蚁数量均在某个值附近小范围变动）。

(7) 如果已稳定，按各类蚂蚁在成员中的分配数量进行协作成员的优选，并分配对应的定制任务。

(8) 计算此时各目标的优化水平，判断其是否达到期望满意水平。如果达到则算法停止，按结果实施调度优化决策；否则转（5）。

(9) 若经过所有批次蚂蚁还无法达到平衡，则需重新调整各类参数值，即转到（4）。

(10) 若算法经长时间执行后，各项指标无法达到满意水平，则应对期望满意水平进行相应的修正，即转到（3）。

7.9 算例分析

某 Pad 生产企业是一家定制型高科技制造企业，其核心业务在于对 Pad 产品进行设计研发，而将采购、生产、销售等其他环节外包。由于其产品个性化需求特性突出且更新换代迅速、协作成员繁多而关系复杂，因此需要通过合理的供应链计划调度活动进行定制任务的配给。

这里选取 4 家承担外包业务的潜在芯片供应商（由 SUP1、SUP2、SUP3 和 SUP4 表示）及 4 家第三方物流企业（由 3PL1、3PL2、3PL3 和 3PL4 表示）进行算例分析。根据 Pad 企业的长期及短期战略发展要求，其针对上述两类协作成员进行定制任务调度时将主要从定制任务处理成本大小、定制任务处理的准时性、协作的期望收益与风险以及协作成员的目标定位一致性等几个方面进行重点考虑。通过一段时期的认真跟踪考察及科学的预测，Pad企业获取了各协作成员的相关运作参数（本节所有数据已作单位同一化及归一化处理），如表7－4所示。

同时，在表7－5中也给出了Pad企业针对不同协作成员目标定位的各参数期望值。

表7－4　　供应链计划调度所需数据

	芯片供应商				第三方物流企业			
调度优化参数	SUP1	SUP2	SUP3	SUP4	3PL1	3PL2	3PL3	3PL4
任务处理成本 C	0.43	0.48	0.45	0.41	0.22	0.29	0.25	0.21
任务处理时限性容忍量 T	0.33	0.31	0.36	0.35	0.38	0.32	0.39	0.30
协作期望收益 E	0.52	0.48	0.57	0.54	0.38	0.40	0.45	0.43
主观协作风险 R	0.58	0.54	0.62	0.60	0.29	0.30	0.37	0.32
空余定制任务处理能力 A	0.85	0.88	0.85	0.83	0.45	0.55	0.33	0.35
能力需求	0.85				0.32			
协作成员的协作期望收益	0.50	0.47	0.52	0.40	0.46	0.43	0.59	0.48
协作成员协作期望收益最小值	0.50	0.45	0.50	0.38	0.40	0.40	0.55	0.45
协作成员的主观协作风险	0.40	0.48	0.50	0.56	0.47	0.50	0.45	0.50
成员可接受协作风险的最大值	0.43	0.50	0.52	0.55	0.50	0.53	0.48	0.58

表7－5　　目标定位各参数期望值

期望运作参数	芯片供应商目标定位					第三方物流企业目标定位				
	期望值	SUP1	SUP2	SUP3	SUP4	期望值	3PL1	3PL2	3PL3	3PL4
单位任务处理成本	0.42	0.43	0.48	0.45	0.41	0.23	0.22	0.29	0.25	0.21

续表

期望运作参数	芯片供应商目标定位					第三方物流企业目标定位				
	期望值	SUP1	SUP2	SUP3	SUP4	期望值	3PL1	3PL2	3PL3	3PL4
任务处理时限性容忍量	0.32	0.33	0.31	0.36	0.35	0.29	0.38	0.32	0.39	0.30
定制任务处理质量	0.54	0.55	0.53	0.54	0.54	0.31	0.33	0.32	0.30	0.30
任务处理能力供给	0.87	0.85	0.88	0.85	0.83	0.36	0.45	0.55	0.33	0.35
目标定位一致性误差（欧式距离）		0.026	0.062	0.054	0.051		0.129	0.201	0.106	0.026

设针对芯片供应商任务配给的蚂蚁类型为A类，针对3PL进行任务配给的蚂蚁为B类，首先通过协作成员的任务处理能力、协作收益与协作风险要求判断，发现SUP4不符合基本约束关系，故将其设为禁入节点。

（1）针对芯片供应商的任务配给决策。

对Pad企业而言，芯片供应商是其协作战略的重点。选择一家合适的芯片供应商不仅是为了在本次协作中完成定制外包任务并获利，更主要的是考虑能否与其长期合作，获取更多的期望收益，同时减少未来的协作风险。

显然，芯片作为Pad产品的核心部件，其质量要求直接影响着客户对该产品感知价值的认可，也直接影响着核心企业品牌、声誉等无形资产的价值。因此，芯片供应商能否在目标定位上与核心企业取得一致，将直接影响当前与未来一段时期的协作收益与风险。

在关注芯片供应商规模、市场、品牌、历史等一般战略因素的前提下，如何规避长期合作的战略风险与融合风险也是需要考虑的重要因素。特别是对于和海外的芯片供应商协作而言，融合风险（如因地域差异导致文化难以融合而产生的风险）对于Pad企业的长远发展产生的影响可能较大。

基于上述分析，在进行调度优化目标权重设定时，将向协作成员的目标定位及协作风险目标倾斜。

设算法运行中系数选择为 $\omega=0.2$（处理成本权重）、$\xi=0.1$（时间有效性容忍度权重）、$\psi=0.2$（期望收益权重）、$\zeta=0.2$（主观风险权重）、$\varsigma=0.3$（目标定位一致性权重）、$\mu=0$（由于不存在能力约束）、$\lambda=0.1$，蚂蚁批次设定为100。运用 MATLAB R7 进行仿真，收敛趋势结果如图7－3所示。

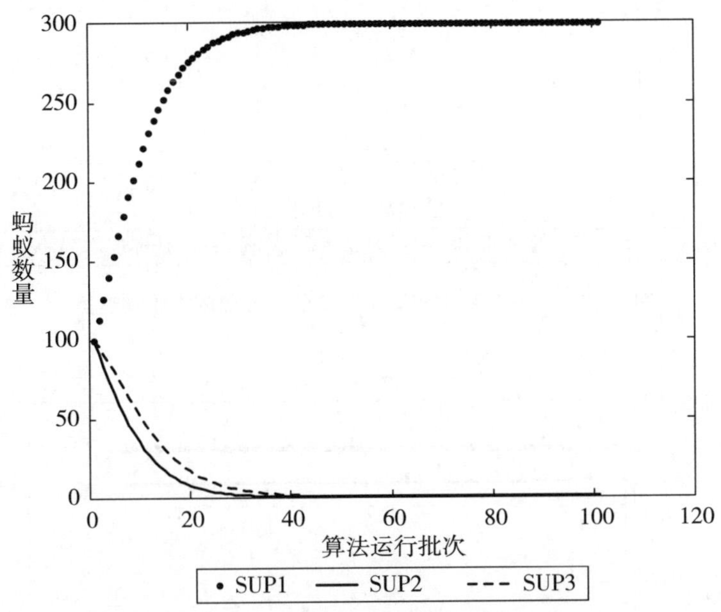

图7－3　针对芯片供应商的调度结果

由图7－3分析可知，对于蚂蚁类型A，经若干批次运算后达到稳定状态，所有蚂蚁都选择了SUP1。这是因为该成员虽然在时限性容忍量方面以及协作风险方面表现居中，但其有较好的目标定位一致性误差表现，较符合Pad企业的战略定位及目标定位要求。可以看出，算法在灵活调节多目标优化问题中具有明显的效果。

图7－4至图7－8分别描述了该收敛结果下的定制任务单位处理成本、定制任务处理的时间有效性容忍量、期望协作收益、主观协作风险以及目标定位一致性误差的收敛结果。

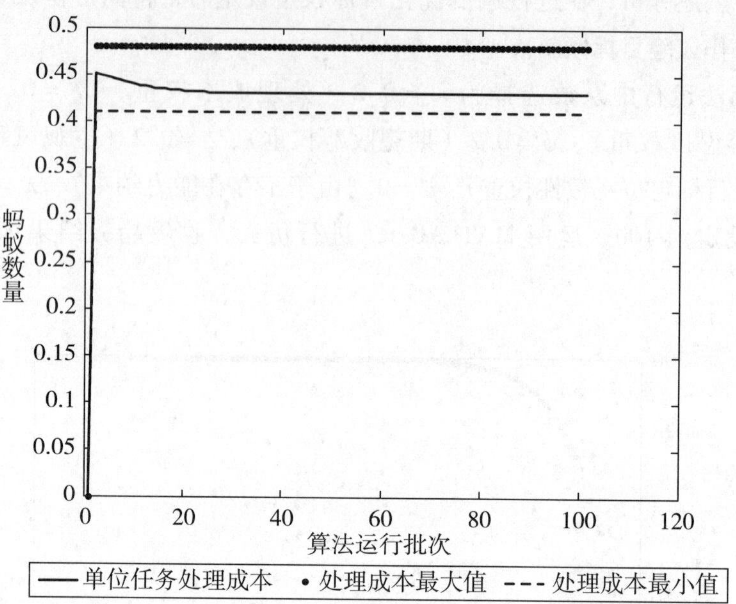

图 7－4　针对芯片供应商调度的任务处理成本收敛趋势

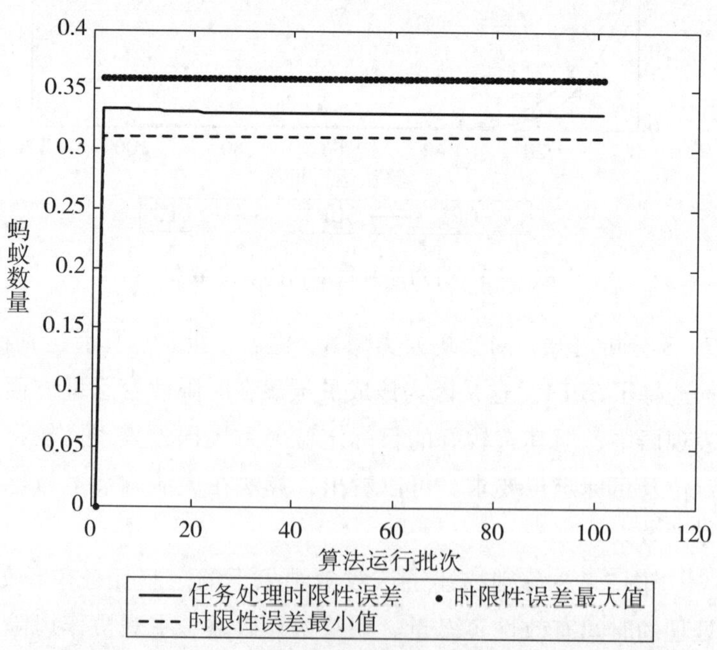

图 7－5　针对芯片供应商调度的时限性误差收敛趋势

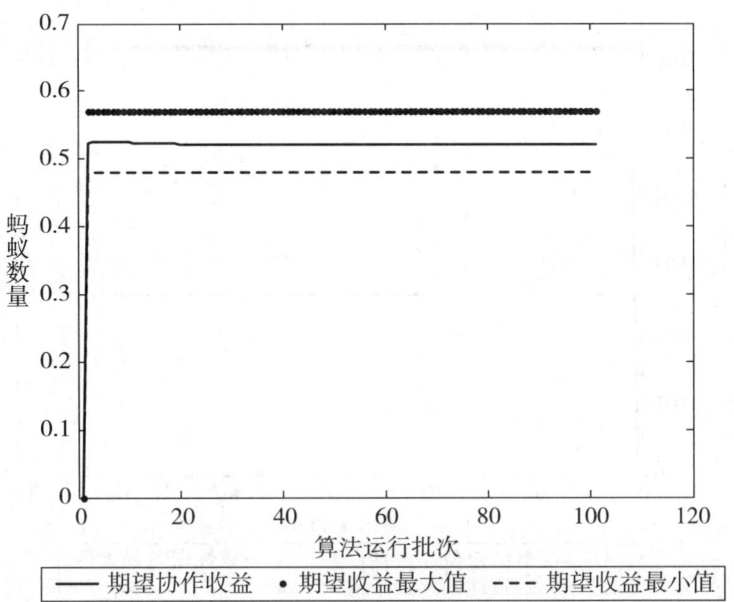

图7-6　针对芯片供应商调度的期望收益收敛趋势

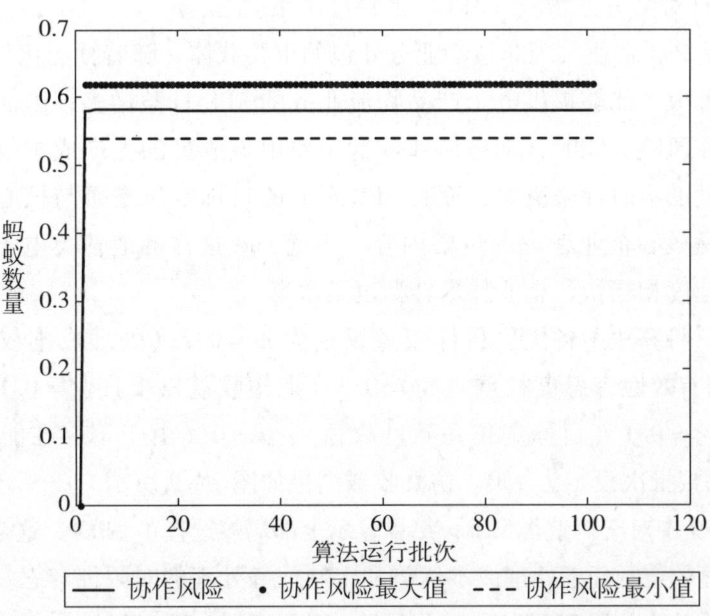

图7-7　针对芯片供应商调度的协作风险收敛趋势

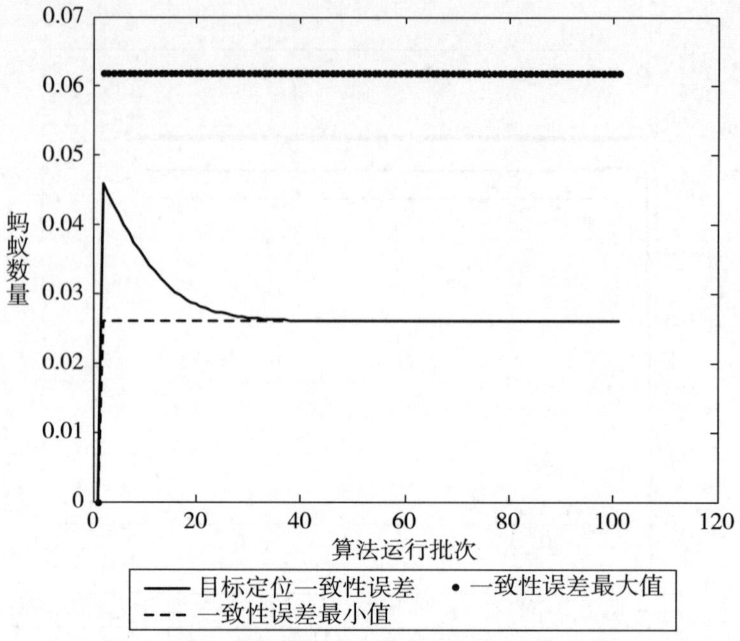

图7－8　针对芯片供应商调度的目标定位收敛趋势

（2）针对第三方物流（3PL）的调度决策。

3PL是Pad企业实现非核心业务外包的重要载体，随着社会化物流体系的不断发展壮大，能够提供电子产品物流业务的3PL日益增多，因而不容易形成长期合作风险。同时，期望协作收益主要由该成员的生产成本以及如何保证物流活动的准时性来决定，而且3PL企业的目标定位是否与核心企业完全一致也不是核心企业考虑的重要内容，毕竟Pad这样的消费类电子产品，其更新换代速度相当快，企业技术转型也是常事。

因此，将算法中各优化目标权重设定为 $\omega=0.2$（处理成本权重）、$\xi=0.3$（时间有效性容忍度权重）、$\psi=0.3$（期望收益权重）、$\zeta=0.1$（主观风险权重）、$\varsigma=0.1$（目标定位一致性权重）、$\mu=0$（由于不存在能力约束）、$\lambda=0.1$，蚂蚁批次设定为150。仿真收敛结果如图7－9所示。

图7－9中对于蚂蚁类型B，结果显示全部蚂蚁选择了3PL4。这是因为该成员具有明显的定制任务处理成本优势和定制任务处理的时限性容忍量优势，尽管其协作收益略差于3PL3，而协作风险略逊于3PL1和3PL2。同时，该成员具有较为优越的目标定位，因此是一个合适的选择方案。仿真实践还表明，根据

选择优化目标的实际情况适当调整各参数的值可以得到较佳的收敛时间和效果。

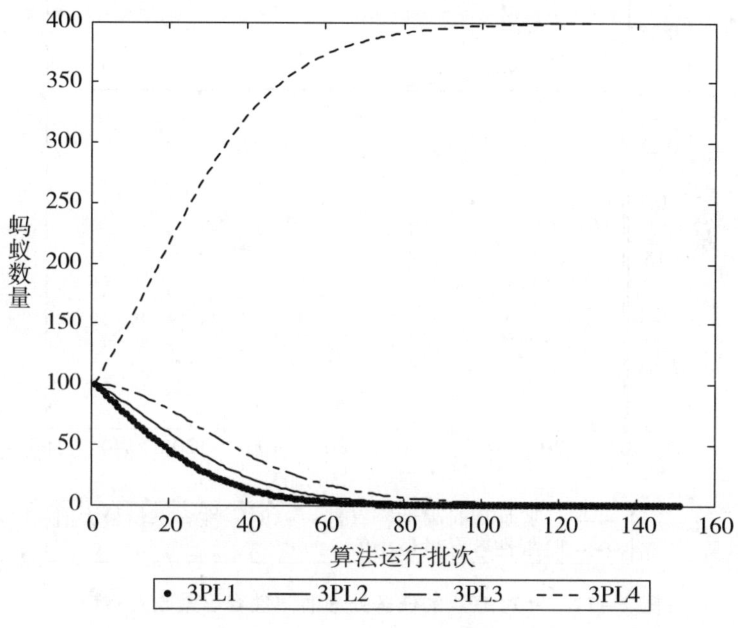

图 7-9　针对 3PL 的调度结果

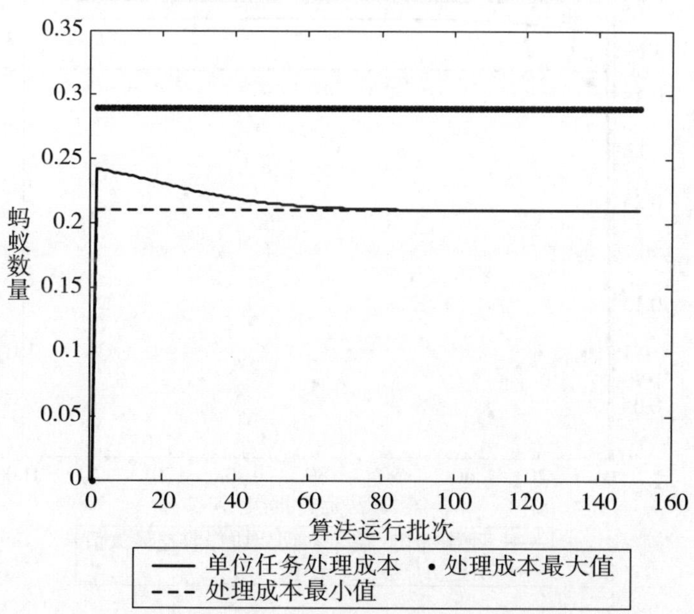

图 7-10　针对 3PL 的任务处理成本收敛趋势

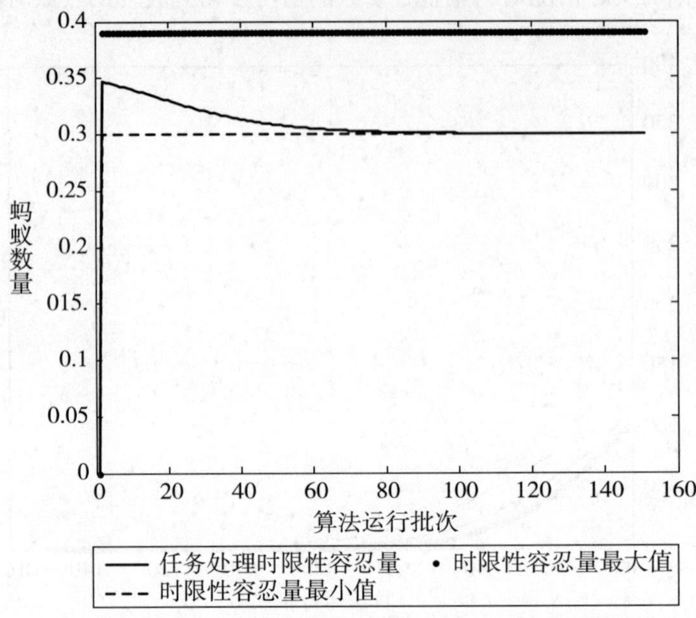

图 7－11　针对 3PL 的任务处理时限性容忍量收敛趋势

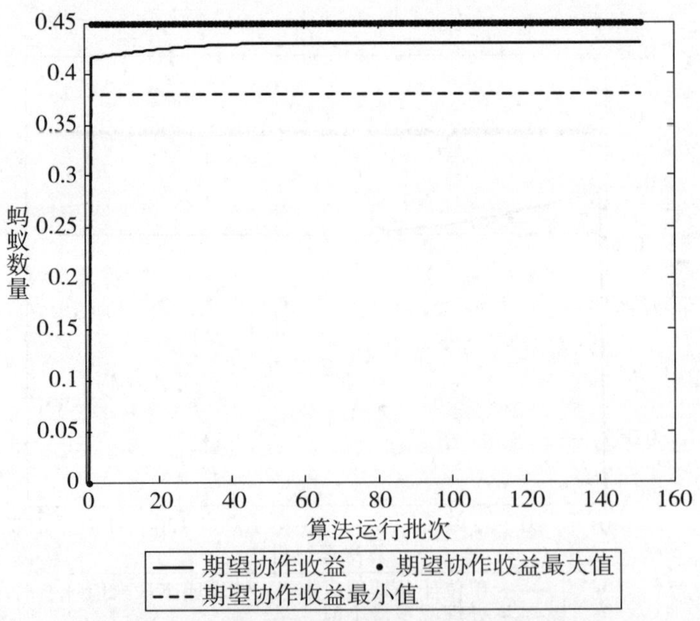

图 7－12　针对 3PL 的期望协作收益收敛趋势

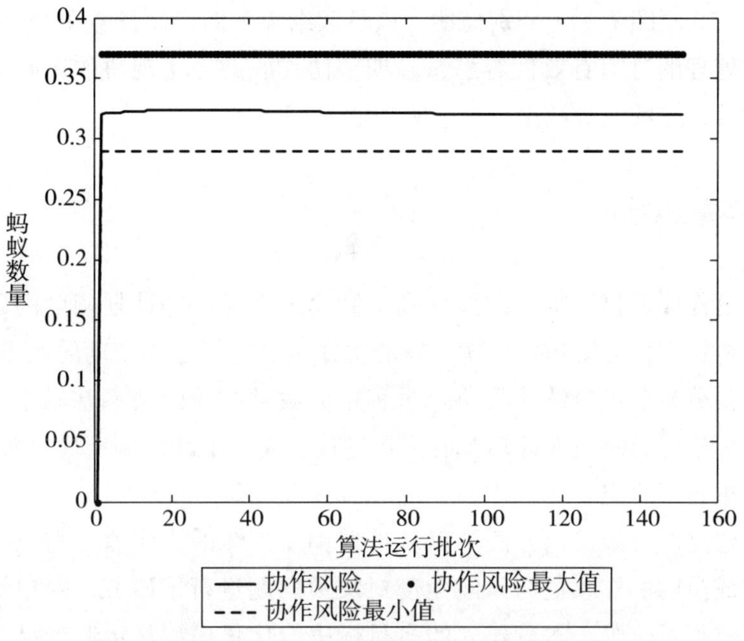

图 7-13　针对 3PL 的主观协作风险收敛趋势

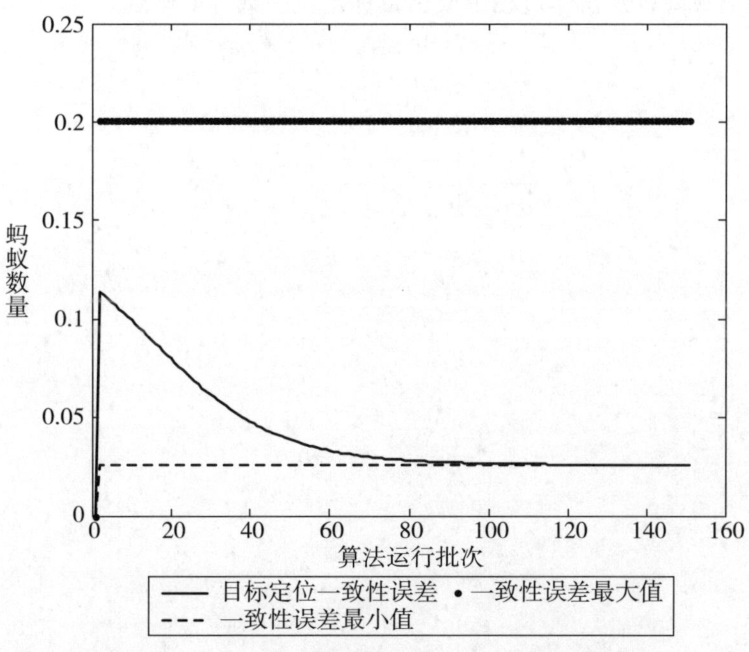

图 7-14　针对 3PL 的目标定位一致性误差收敛趋势

图7－10至图7－14分别描述了该收敛结果下的定制任务单位处理成本、定制任务处理的时间有效性容忍量、期望协作收益、主观协作风险以及目标定位一致性误差的收敛结果。

7.10 本章小结

基于协作成员目标定位的大规模定制模式下供应链计划调度问题兼有客户需求随机性和供应链运作环境引发的协作成员目标定位变动的双重复杂性。本章在简要分析了供应链成员协作过程中的收益与风险关系基础上，将协作成员的目标定位思路引入计划调度优化过程，建立了计划调度优化数学模型，并对算法进行了研究。

本章建立的决策优化方法不仅从计划调度主体的协作收益与风险角度而且从协作成员的协作收益与风险角度对决策问题进行了研究，对单纯的单边利益决策进行了改善。本章建立的多目标决策优化模型从定制产品或服务供需双方的要求角度进行设计，不仅体现了计划调度的复杂性，而且融入了对协作收益与风险以及协作过程中成员目标定位一致性的体现。

8 基于成员目标定位的SMC模式下供应链调度优化

8.1 本章引言

服务大规模定制（Service Mass Customization，SMC）模式下的供应链调度优化问题是一个典型的随机需求与随机资源约束的多目标动态优化问题。随机性来源于两个方面：一是与生产型大规模定制问题相比，服务大规模定制表现出更为突出的需求不确定性特征；二是服务供应链运作中的不确定性将更容易导致协作成员目标定位的不确定性与多变性。

作为对大规模定制研究领域中新的模式的分析与探索，本章在对服务定制特征分析、服务阶段界定以及服务规模效应探讨的基础上，基于协作成员的目标定位关系研究了服务大规模定制模式下供应链调度的优化目标与约束条件，建立了完整的随机多目标动态调度优化数学模型。基于服务大规模定制运作的特点，运用改进的蚁群算法对调度问题进行了求解。最后，通过实例分析了模型及算法的可行性、有效性及适用性。

8.2 服务大规模定制背景分析

自从大规模定制这一被称作21世纪的主流生产模式（Pine Ⅱ，1993）的生产模式提出以后，相关研究（Silveira等，2001；Shao和Ji，2008；Li等，2007；姚建明、周国华，2003；Yao，2013；Yao，2011；Yao和Liu，2009；姚建明等，2007；等等）较多。其中，多数研究是围绕生产型产品的定制展开讨论的（Silveira 等，2001；Shao 和 Ji，2008；Li 等，2007；姚建明、周国华，2003；Yao，2013；Yao，2011；Yao 和 Liu，2009；姚建明等，2007；等等）。随着社会的发展，企业间竞争加剧，越来越多的企业认识到服务对于提升客户价值的重要性。当前，一个不争的事实是，不仅服务企业认识到需要通过提升服务水平吸引消费者，生产企业也逐步认识到需要在产品之外的服务上做足文章，才能更好地体现出竞争优势。因此，如何为客户提供满意的服务无疑是当今企业提升竞争实力的关键所在。

但另一方面，当为客户提供良好的服务已逐渐成为众多企业追逐的利益点后，个性化服务能够给客户带来的边际感知价值也会随之下降。这种情况下，企业需要从过去的只考虑服务差异化转变为如今在考虑服务差异化的同时还要考虑如何提升服务运营的规模效应，以此来降低服务成本，提升企业效益。因此，如何做好服务大规模定制，成为当前企业面临的重要课题。

众所周知，大规模定制研究中一个关键的问题是如何解决“规模效应”同“客户个性化需求”之间的矛盾问题（Pine Ⅱ，1993）。在面向产品的大规模定制研究中，该矛盾问题的解决主要是通过延迟策略（Postponement）（Silveira 等，2001；Shao 和 Ji，2008；Li 等，2007）的思路实现的。延迟策略的核心是通过调节客户订单分离点（Customer Order Decoupling Point，CODP）在产品生产过程中各阶段的位置，进而调节生产的规模效应和客户需求的个性化差异，以此实现供需双方的利益平衡。延迟策略的实现，需要实施大规模定制的企业具有较为灵活的生产运营系统，而作为企业运营系统的核心架构（姚建明，2014），供应链网络在提升企业运营灵活性、降低营运成本、实现运营各阶段附加价值、降低运营的资源获取和利用风险、提升企业竞争优势等方面，都发挥着重要作用。该作用的实现需要供应链核心企业根据客户个性化需求的特征合理、灵活地对供应链资源进行调度，这是实现大规模定制生产方式的运行基础。

与产品定制需求不同的是，服务大规模定制中客户对服务的需求更容易表现出极强的多样化、个性化的特征，这无疑将导致不确定的服务需求信息在企业运营系统（包括企业的内部、外部供应链网络）中传递，需要运营系统加大自身的柔性（Flexibility）力度加以应对。因此，对服务大规模定制的企业而言，探讨如何进行不确定和动态环境下的供应链调度优化问题具有重要的理论和现实意义。

目前，针对服务大规模定制模式下的供应链调度优化问题的完整规划及解决思路，国内外相关文献涉及的还比较少，而有关产品大规模定制模式下的供应链计划调度研究已经粗具规模（姚建明、周国华，2003；Yao，2013；Yao，2011；Yao和Liu，2009；姚建明等，2007；等等）。同时，与该问题密切相关的某些方面的研究内容，已有了大量的研究成果，如随机动态调度优化（Sahin等，2008；Zhou等，2009）、资源约束优化（Tormos和Lova，2001）、多目标优化（姚建明，2012）等。这些文献在深入研究的基础上提出了解决随机性、动态性、多目标等复杂调度问题的一些方法，对于服务大规模定制模式下的供应链调度优化问题的研究具有重要的借鉴和参考价值。

在此基础上，本章直接针对服务大规模定制模式下的供应链调度优化问题进行研究，在全面剖析和深入分析这一新型模式特点及运作特征基础上，将服务大规模定制模式下供应链协作成员的目标定位思路引入该调度优化过程，提出了完整的随机、多目标、动态优化数学模型。然后，通过建立调度优化问题的求解算法来对调度问题进行求解。

尽管服务大规模定制模式下的供应链调度优化问题是一个全动态、多目标的随机调度过程，但作为一种崭新的运营模式，其还是有一定规律可循的。

8.3　服务需求的随机性特征分析

服务大规模定制模式下的供应链调度优化过程是一个典型的随机、动态、多目标优化过程。这主要是由服务定制的随机性需求（Stochastic Demand）和供应链环境下的随机性协作能力（Stochastic Cooperation Capability）或称为随机性资源约束（Stochastic Resource－constrained）的不可替代性决定的。这一特点，直接导致了供应链环境下服务定制调度过程动态性的产生。

随机性的需求由客户服务订单的不确定性引发，从供应链下游向上游传递；随机性的服务协作能力则是由网状供应链各节点上的各协作成员相互之间以及与其他相关链条协作群体之间协作关系的动态性引发的，换句话说是由协作成员目标定位之间的差异导致的。

供应链上的每一个成员，既是协作系统不可或缺的一部分，同时又保持着自身的独立性。获得最大的协作收益、降低协作风险是其根本目标和在激烈的市场竞争中生存与发展的根基。这些都决定了它们必须与相关供应链中上、下游企业之间建立动态的协作联盟。这一不争的事实一方面能给其带来资源利用的最大化，提高收益；而另一方面，也使得供应链系统的调度过程更加复杂。

8.4 服务定制订单的特征分析

姚建明、周国华（2003）曾指出：多定制品种、小批量生产、不同的交货期、不同的质量需求，有些情况下甚至出现单件产品生产的要求是生产型大规模定制的特征；而分布在不同地域的客户群体以及协作伙伴群体之间的动态协作关系则是供应链生产方式的基本特点。二者的结合，使得需求信息在传递过程中的曲解程度更加严重了。因此，实施生产型大规模定制计划调度的核心企业往往可以通过调节客户订单分离点（CODP）在生产阶段中的位置来进行复杂订单的分解，以此来降低定制需求的不确定性。而为了进一步体现现实定制客户需求的多样性，姚建明（2009）在客户订单分离点（CODP）思想基础上，还提出了客户订单二次分类的思想，即根据供应链系统生产总成本动态确定时间阈值，将时间阈值期内接到的客户订单按定制产品的生产过程及设计加工工艺进行划分。同时，将其规划分类为特殊订单（Special Order）、一般订单（General Order）与紧急订单（Emergent Order）。合理的用户订单分类，一方面解决了生产中的经济批量问题，使得供应链系统的生产总成本及生产时间大大减少；另一方面缓和了需求随机性带来的动态信息波动，从而为系统的优化调度提供了方便。

然而，在生产型定制中较为明确的订单分类思路，在服务型定制中却可能显得较为复杂，因为服务个性化的复杂程度远非生产型定制可比。其复杂性主要体现在两个方面：一是客户所需服务的内涵多样化；二是客户所需服务的时间多样化。服务内涵方面，与生产型定制相比，显然服务需求的多样性更加突出。

以餐饮服务来举例，一个中餐馆中有可能当天来的每个客户所点的菜品都不一样，即便是客户点的菜品种类相同，不同客户也许还有特殊要求，比如口味的咸淡、调料的忌口等。除了菜品需求的差异外，服务员迎客、上菜或后续服务过程中，客户所要求的“交互服务（服务提供者与服务对象的交互式活动）”也有较大的差异。服务时间方面，与生产型定制产品需求具有较长的提前期相比，服务定制需求的提前期一般长短不一、变化多样。如在餐馆，大部分顾客的期望服务时间实际上都是越快越好，但也有部分客户为了等待其他人可能订单的提前期稍长一些，但也不会超过一两个小时。某购物网站推出的“211”时限送达服务，其提前期可以控制在几个小时之内。而时下流行的“定制公交服务”，由于在人员预约、车辆准备、线路规划等环节需要一些时间，因此服务的提前期相对较长，可能有几周等。

基于服务定制在上述两个方面的特殊性，这里需要用新的思路来考虑服务订单的分类问题，并以之作为服务任务和资源调度的信息基础。

8.5　服务订单的阶段划分

为了实现上述目的，本章对服务定制中的客户订单采取了模糊划分的方式。实质上，不论是何种性质的服务，都可将其中的活动归类到如图8－1所示的3种阶段中，即服务交互阶段（Service Interface Stage，SIS）、交互前准备阶段（Prepare Stage Before Service Interface，BPS）和交互后处理阶段（Settlement Stage After Service Interface，ASS）。

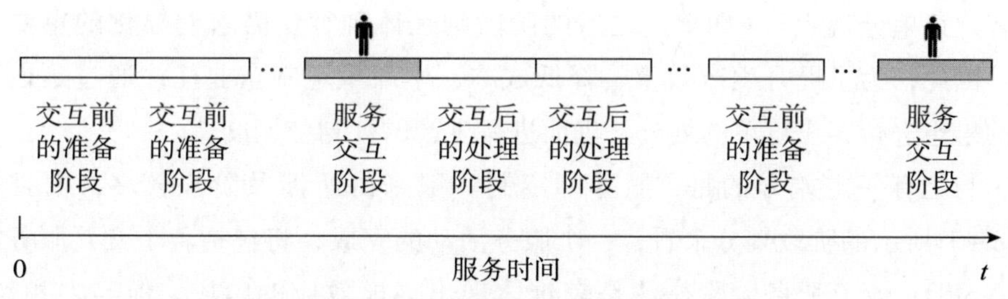

图8－1　服务过程中的阶段划分

服务交互阶段（SIS）是服务主体通过一定的介质物（如服务人员、信息交互窗口、服务设施等）向客户提供交互性服务活动的阶段，客户可以从该阶段直接感受出服务的价值。

交互前准备阶段（BPS）是为服务交互阶段准备和调配人、财、物等各种所需资源的阶段。尽管在该阶段的活动不会直接和客户产生接触，但该阶段的活动计划和所需资源的配置、调度等都必须和客户的服务交互阶段相关联，保证在服务交互阶段能够给客户提供满意或超值的价值服务。

交互后处理阶段（ASS）是处理服务交互阶段遗留工作的阶段。该阶段的活动也不会直接和客户产生接触，但该阶段的活动安排是否合理，不仅对下一次服务交互阶段的效率与效果产生重要影响，而且对服务企业的资源利用水平、运营收益以及客户整体感知价值都会产生重要影响。

当然，从服务流程的角度讲，不论是哪一类阶段的服务活动，都应该在活动质量、成本以及活动时间上满足下一活动对该阶段活动的要求，这样才能最终在服务交互阶段满足客户的个性化服务要求。但是，对提供服务的企业而言，在满足各服务交互阶段基本起讫时间要求的前提下，如果能够在各阶段活动中找到相同或类似的活动，显然能够提升企业整体的规模效应，实现其服务大规模定制的理念。

8.6 服务订单中的规模效应

前文指出，生产型定制中，基于延迟策略（Li 等，2007）的客户订单分离点（CODP）调节技术是企业平衡其规模效应与客户个性化需求的重要手段。客户订单分离点（CODP）之前的阶段是企业获取规模效应的重要阶段，而客户订单分离点（CODP）之后的阶段则是体现客户需求差异化的重要环节。因此，为了提升生产效率、降低成本，生产型定制企业往往通过延迟策略的思想进行客户订单的划分，进而进行生产的计划与调度。

与之有一定差异的是，服务型定制一般来讲所涉及阶段较多，而且从图 8－1 所示的阶段划分来看，一个服务活动的完成，将包括若干交互服务阶段（SIS），交互服务阶段往往是较难体现出规模效应的阶段。但与之相比，在交互前准备阶段（BPS）以及交互后处理阶段（ASS）都相对较容易体现出规模效应。比如，在提供餐饮服务的连锁火锅店，交互前服务阶段中的采购、配菜、加工等阶段都可以通过连锁中心统一实施，以提升整个连锁企业的规模效应。而交互服务阶段则需要服务员有针对性地对客人进行服务。交互服务后处理阶段中的卫生处理、厨余物资回收等过程又可以实现统一处理，提升规模效应。

但需要注意的是，尽管服务定制过程的多样性与灵活性决定了在其中多个阶段可以实现规模效应，但与生产型定制中的批量生产规模效应（如某一台设备一次处理若干相同零部件）不同的是，不同服务订单中，活动完全相同的阶段实际上并不多，而即便是活动的内容相同，服务也会因为活动的起讫时间要求不同而产生差异，如图 8-2 所示。

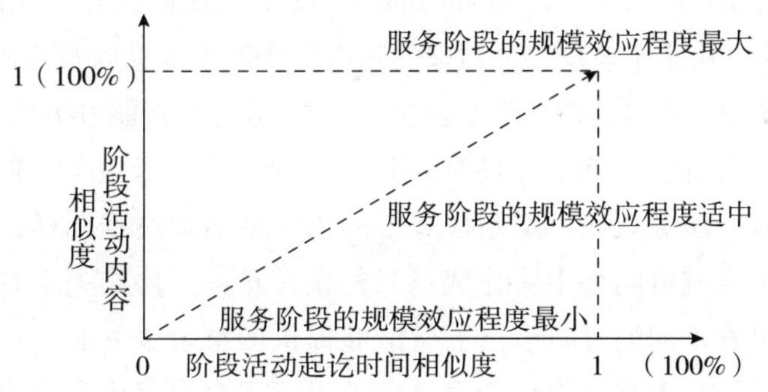

图 8-2 服务不同阶段的相似性表征示例

鉴于服务定制过程的上述特点，这里可以运用模糊数学表征的方法对服务不同阶段活动的相似性进行表征。图 8-3 为一个模糊表征示例。该例指出，在服务活动的第 2 和第 8 阶段是可以完全实现规模效应的；在第 1、第 4、第 6、第 7 等阶段只能实现部分规模效应；在第 3、第 5 阶段，由于活动之间完全没有相似性，因此无法实现规模效应。

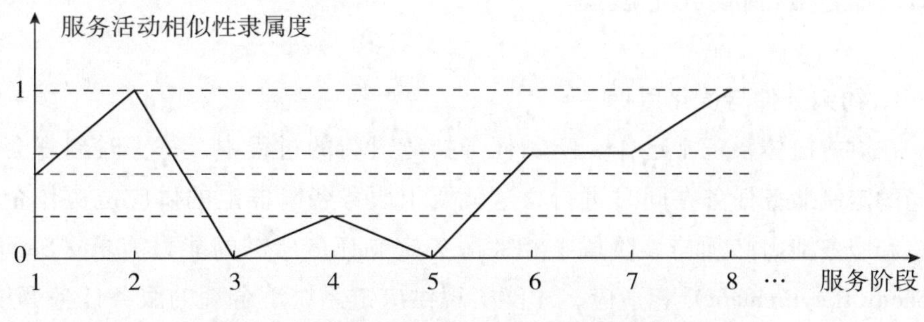

图 8-3 服务不同阶段的相似性模糊表征示例

8.7　服务能力的随机性与成员的目标定位

前期成果（姚建明，2009）在研究生产型大规模定制供应链调度时指出：大规模定制生产方式下供应链计划调度过程中的随机生产能力约束（Stochastic Production Ability - Constrained）是由供应链的特点决定的，这也是一个成熟供应链系统的特征之一。处在协作关系中的任一生产企业，应该十分关注的是它所提供的空余生产能力（Void Production Ability）状况的优劣。但由于网状供应链系统的存在，由多个客户端传递来的随机生产需求信息以及各协作企业相互之间的动态资源需求信息都将使得各参与企业的空余生产能力状况曲线产生很大波动，这必将导致同一产品在不同时刻生产时生产时间以及生产成本上的差异。

与之类似，服务大规模定制模式下的供应链运作过程同样具有这样的特征。由于不同供应链网络中协作成员目标定位不同，协作关系具有很强的复杂性，导致其在不同的时间节点上所能够提供的空余服务能力（Void Service Capability）会产生差异。这种能力上的差异不仅会直接决定供应链协作成员完成服务任务的状况，而且对服务的成本以及完成时间都会产生影响。换句话说，供应链协作成员的空余服务能力、单位服务成本、服务时间以及服务质量之间的关系并非简单的线性正比或反比关系，而是较为复杂的动态关系。因为在一定时期内，如果某企业的空余服务能力越大，其参与其他服务活动的可能性就越大，综合资源利用率就会越高，最终导致其盈利水平的提升。

8.8　供应链调度优化模型

1. 约束条件与优化目标

在供应链体系正常运作、定制任务持续进行的过程中，每一时刻都会有不同的定制服务任务在同时进行，这就要求服务各阶段上的供应链协作企业其总和服务能力必须与该阶段上相关服务定制任务所需的能力需求（Service Capacity Requirement）相适应，才能实现供应链系统下合理的服务任务调度。因此，服务能力约束关系是优化模型的核心约束条件之一。

对于优化目标而言，降低供应链系统对服务定制任务的处理成本显然是优化目标之一。在这里应该注意的是，由于在供应链环境下，参与服务的企业不只是核心企业一家，核心企业在进行相应的调度时，必须综合考虑相关协作企业的自身利益，才能使供应链协作关系长久稳固，使得核心企业的竞争优势得到充分发挥，从而形成利益多赢的良性循环。

另一方面，通过前述分析可知，供应链系统各企业的空余服务能力大小在生产过程中意义重大。由于优化定制服务过程中各阶段的服务时间可以导致企业空余服务能力的提高，因此，如果将服务时间的优化作为另一个优化目标，则必然会给企业带来直接或间接的协作效益。但是，如果缩短定制服务某阶段的时间，使之小于该阶段服务活动的预期时间，必然会导致服务过程中某阶段服务库存成本（服务库存成本是由于服务资源缓存带来的成本支出）的增加。而为了使服务交互阶段（SIS）的起讫时间与客户要求时间相匹配，该成本的支出是必需的。因而它们构成了供应链环境下服务大规模定制调度优化过程所特有的一对矛盾，如图8－4所示。

因此，在优化目标的设计中，服务定制各阶段之间的有效衔接以及服务交互阶段的准时性是必须考虑的一个重要内容。

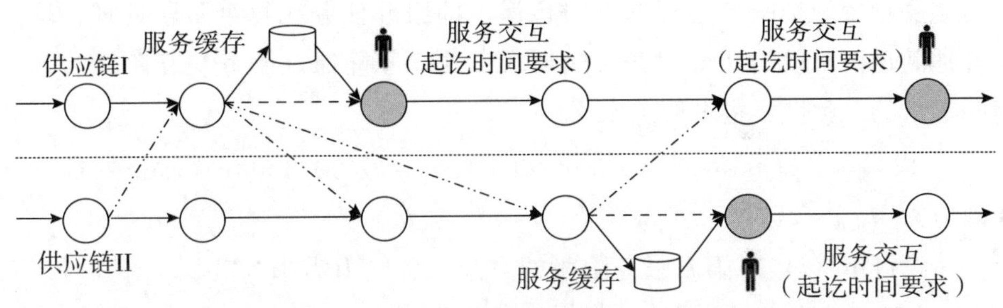

图8－4　某阶段服务缓存设置的必要性

2. 参数和变量设定

· 设服务定制企业提供的某类别服务需要由 K 个阶段的过程来完成，其中各阶段的服务任务可能不同也可能相同或相似，如图8－3分析所示。

· 核心企业除完成定制服务的设计开发外，还可能参与 K 个阶段中的第 k（$k=1, 2, \cdots, K$）个服务过程。这里应该说明的是，核心企业参与定制服务的某个或多个阶段对供应链系统的整体优化调度问题并不会产生影响，只是改变了数学模型中某些参数的意义。

· 由于是动态调度，故设调度起始时刻为 t。

· 设核心企业在调度时刻某时间阈值期内接到用户服务订单 N 个，每个订单索引为 i。设每个订单的每个阶段索引为（ik），其中 $i = 1, 2, \cdots, N$；$k = 1, 2, \cdots, K$。

· 设 K 个服务阶段中，每个阶段有 N_k（$k = 1, 2, \cdots, K$）个协作商（协作服务提供者，对于核心企业参与的阶段而言，则设其划分成了 N_k 个服务组或业务组）。每个协作商（服务组/业务组，以下同）的索引为（kr），其中 $r = 1, 2, \cdots, N_k$。

· 设第 k 个服务阶段中的协作商 N_k 对各订单在该服务阶段的服务处理成本为 $C_{kr.ik}(t)$。

· 设 $T_{kr.ik}(t)$ 为协作成员（kr）对某订单（i）在第 k 阶段处理所需的时间；由核心企业根据主、客观影响因素设定的协作成员（kr）对订单（i）在第 k 阶段处理所需期望服务时间为 $T_{E.kr.ik}(t)$；设订单（i）在协作成员（$k+1, r$）处处理时，该协作成员对其处理服务任务的实际处理时间与期望处理时间之差绝对值的可接受上限为 $T_{k+1.ik}(t)$。从服务的时间性角度讲，合理调度希望的是服务过程的准时传递，即服务任务在每个阶段处理，均能最好地满足该阶段的期望服务时间要求，这样才能保证服务交互阶段与客户时间需求的一致性，提升服务水平。

· 设第 k 个服务阶段中的协作成员 N_k 对（i）类订单在该阶段处理的规模效应为 $M_{kr.ik}(t)$。

· 设订单（i）对第 k 服务阶段的空余服务能力需求为 $A_{(DEM)k.ik}(t)$，而 k 服务阶段中某协作成员的空余服务能力供给为 $A_{(SUP)kr}(t)$。

· 设订单（i）对第 k 服务阶段的服务质量需求为 $Q_{(DEM)k.ik}(t)$，而 k 服务阶段中某协作成员的服务质量为 $Q_{(SUP)kr}(t)$。

· 定义变量 $f_{kr.ik}(t)$，当服务订单某阶段（ik）选择协作成员（kr）时，$f_{kr.ij}(t) = 1$；其他情况下 $f_{kr.ij}(t) = 0$。

3. 优化模型

（1）目标函数如下。

$$\min Z_1 = \sum_{k=1}^{K} \sum_{r=1}^{N_k} \sum_{i=1}^{N} [C_{kr.ik}(t) f_{kr.ik}(t)] \tag{8-1}$$

$$\min Z_2 = \sum_{k=1}^{K}\sum_{r=1}^{N_k}\sum_{i=1}^{N}\left[\left|T_{E.kr.ik}(t) - T_{kr.ik}(t)\right| f_{kr.ik}(t)\right] \tag{8-2}$$

$$\min Z_3 = \left|\sum_{i=1}^{N} f_{kr.ik}(t) - N\right| \tag{8-3}$$

$$\max Z_4 = \sum_{k=1}^{K}\sum_{r=1}^{N_k}\sum_{i=1}^{N}\left[M_{kr.ik}(t) f_{kr.ik}(t)\right] \tag{8-4}$$

（2）约束条件如下。

$$\sum_{i=1}^{N} A_{(\mathrm{DEM})k.ik}(t) \leqslant \sum_{r=1}^{N_k} A_{(\mathrm{SUP})kr}(t) \tag{8-5}$$

$$\left|T_{E.kr.ik}(t) - T_{kr.ik}(t)\right| \leqslant \max T_{k+1.ik}(t) \tag{8-6}$$

$$\sum_{k=1}^{K}\sum_{r=1}^{N_k}\sum_{i=1}^{N} f_{kr.ik}(t) = N \tag{8-7}$$

$$\sum_{r=1}^{N_k} f_{kr.ik}(t) = 1 \tag{8-8}$$

$$Q_{(\mathrm{SUP})kr}(t) \geqslant Q_{(\mathrm{DEM})k.ik}(t_k) \tag{8-9}$$

式中，$f_{kr.hij}$（t_k）=0或1；$k=1$，2，…，K；$r=1$，2，…，N_k；$h=1$，2，…，G；$i=1$，2，…，M_g；$j=1$，2，…，N_m。

目标函数说明如下。

模型中，式（8-1）为总服务成本最小化优化函数；式（8-2）为服务交互时间满意优化函数，其运作主线在于优化各服务阶段的准时性，以保证服务交互阶段的起讫时间能够满足客户的要求。从该式构成来看，作为一个供应链系统，核心企业对某服务任务在供应链体系的对应阶段处理时，均有其相对满意的期望处理时间。协作成员对该服务任务的实际处理时间与期望处理时间越接近，越能保证服务交互阶段对客户的准时要求，同时越能保证各阶段活动的有效衔接，增强供应链体系运作过程的稳定性，实现供应链体系的运作目标，使供应链体系获得较大的综合收益。

式（8-3）、式（8-4）为服务的规模效应优化函数。对于供应链中任一协作成员而言，式（8-3）值越小，其对某一类具有较强相似性的订单集合在该阶段处理的同期批量越大，规模效应实现的可能性越高；式（8-4）为最大化服务规模效应的优化函数。

约束条件说明如下。

式（8-5）为动态空余服务能力约束关系。

式（8－6）为服务阶段的承接性约束关系，保证了同一服务在供应链不同阶段处理时各阶段的接续顺畅。同时，该约束条件也间接反映了在供应链运作体系中，由于是作为一个系统来运行，各协作成员在对其自身利益进行决策时，必须充分考虑系统中其他成员的利益要求，才能达成合理的协作关系，实现服务任务的顺利完成。

式（8－7）为服务处理的阶段性约束，保证接到的所有订单都必须经过所有的服务阶段（当然，实际上某些订单在某些阶段可能不参加处理，即经过某些虚拟处理阶段）。

式（8－8）为服务处理的归属唯一性约束，保证了每一服务任务都由其对应的协作成员完成，不会出现重复处理的现象。

式（8－9）为服务定制的质量约束关系，这是达到客户服务满意水平的基本要求。

8.9 求解算法分析

由于上述优化模型涉及 3 个目标之间的权衡及多个约束条件的制约，在算法构筑上应该考虑其属性特征携带的特性。在这一方面，基于蚂蚁觅食寻优机理的蚁群算法（姚建明等，2007；Zhou 等，2009）具有良好的性能（见第 6、第 7 章所述）。这里通过对改进蚁群算法进行相应的设计，得出表 8－1 所示的供应链调度决策行为同蚂蚁觅食寻优行为之间的对应关系。

表 8－1　供应链调度行为同蚂蚁觅食寻优行为之间的对应关系

供应链调度行为	开始	结束	服务的处理活动	供应链协作成员	协作成员差异	调度的多目标优化
蚂蚁觅食寻优行为	巢穴	食物	不同类型的蚂蚁	觅食路径	路径差异	觅食行为多目标优化

1. 算法设计

算法中，将供应链每个协作成员看作一个独立的服务单元，该单元在服务过程中每一时刻都拥有相对确定的运作参数。设某一调度时刻的供应链网络由源点、宿点及二者之间的协作成员节点构成。网络中的阶段划分将根据 t 时刻服务订单的实际要求动态确定。算法进行中，蚂蚁从源点通过网络移动到宿点，随后死亡。由于蚂蚁不返回，因而不同路径上的信息素含量将根据不同协作成员的服务参数智能确定。

为了使算法得以实现，对蚂蚁类别的划分根据服务订单的不同以及订单中不同阶段的差异进行划分，每类蚂蚁用 A_{ik}（$i=1, 2, \cdots, n$；$k=1, 2, \cdots, K$）表示。对每一类蚂蚁 A_{ik}，由其服务处理特点决定了在网络中均有一些节点无须经过，为了加快算法收敛将这些节点设为禁入节点。

由于服务调度过程不同于生产调度，因此与姚建明等（2007）描述的算法控制规则不同，本文设定规则如下。

第一，根据服务成本最小化规则设定路径的选择概率。设 t 时刻 A_{ik} 的可行域是 M_{ik}（协作成员构成的集合）。（kr）表示不同供应链服务阶段 k（$k=1, 2, \cdots, K$）中的第 r（$r=1, 2, \cdots, N_k$）个协作成员。由于动态调度的优化目标之一为服务成本最小化，故设 A_{ik} 类蚂蚁在经过（kr）后遗留信息素的量（由 $\pi_{(1)ik.kr}$ 表示）同服务成本（C）成反比，则协作成员（kr）对 A_{ik} 的第（1）类吸引概率为：

$$P_{(1)\mathrm{A}} = \pi_{(1).ik.kr} / \sum_{r=1}^{N_k} \pi_{(1).ik.kr} \tag{8-10}$$

第二，根据服务交互的准时性目标设定路径的选择概率。设 A_{ik} 在第 k 阶段的期望服务时限窗为 T_{E}，由于供应链协作关系动态性的特点，某成员可能因为同时也和其他供应链网络存在协作关系而需按其自身处理进程进行服务。设其提供的服务时间窗为 T_{S} 并设 $T=|T_{\mathrm{E}}-T_{\mathrm{S}}|$，为了满足服务交互的准时性和不同阶段的衔接连贯，$T$ 越小越好。

故设 A_{ik} 类蚂蚁经过（kr）后遗留信息素量（由 $\pi_{(2)ik.kr}$ 表示）同（T）成反比，则（kr）对 A_{ik} 的第（2）类吸引概率为：

$$P_{(2)\mathrm{A}} = \pi_{(2).ik.kr} / \sum_{r=1}^{N_k} \pi_{(2).ik.kr} \tag{8-11}$$

第三，根据服务规模效应最大化规则设定路径的选择概率。由于动态调度的优化目标之一为服务的规模效应最大化，故设 A_{ik} 类蚂蚁在经过（kr）后遗留信息素量（由 $\pi_{(3)ik.kr}$ 表示）同协作成员的服务规模效应（M）成正比，则协作成员（kr）对 A_{ik} 的第（3）类吸引概率为：

$$P_{(3)A} = \pi_{(3).ik.kr} / \sum_{r=1}^{N_k} \pi_{(3).ik.kr} \tag{8-12}$$

第四，根据服务能力约束关系设定路径的排斥概率。为了实现调度中的协作成员能力约束问题以及同类订单归属的规模效应问题，需设定排斥概率以解决可能形成的某成员蚁流拥塞问题和任务分配混乱问题。设非 A_{ik} 类蚂蚁 A_{pq} 通过某成员（kr）后遗留信息素量为 $\rho_{pq.kr}$，则其对 A_{ik} 类蚂蚁的排斥概率为：

$$P_R = \rho_{pq.kr} / \sum_{r=1}^{N_k} \rho_{pq.kr} \ (p = i, q \neq k; p \neq i, q = k; p \neq i, q \neq k) \tag{8-13}$$

基于上述分析，本章定义 A_{ik} 选择协作成员（kr）的综合概率为：

$$P_{ik.kr} = \alpha P_{(1)A} + \beta P_{(2)A} + \gamma P_{(3)A} + \delta(1 - P_R) \tag{8-14}$$

式中，α, β, γ, $\delta(0 < \alpha, \beta, \delta, \lambda < 1; \alpha + \beta + \delta + \gamma = 1)$ 为调整系数，反映了吸引和排斥概率的期望权系数。

在信息素的更新方面与传统方法不同，由于本文构造的蚂蚁具有单向运动性，因而对协作成员节点信息素的更新由算法自动完成。为表示简化，由 Φ 统一代表上述 $\pi_{(1)}$、$\pi_{(2)}$、$\pi_{(3)}$ 和 ρ，更新规则为：

$$\begin{aligned} \Phi(t+1) &= \Phi(t) + \Delta\Phi(t, t+1) - \lambda\Phi(t) \\ &= (1-\lambda)\Phi(t) + \Delta\Phi(t, t+1) \end{aligned} \tag{8-15}$$

式中，$\Phi(t)$ 和 $\Phi(t+1)$ 分别为蚂蚁第 t 次和第（$t+1$）次通过某协作成员节点后遗留的总和信息数量；$\Delta\Phi(t, t+1)$ 为第（$t+1$）次遗留信息素量；λ（$0 < \lambda < 1$）为信息素的挥发系数。

2. 算法步骤

设每次调度时算法执行一次，动态进行协作成员选择决策并调整服务任务的分配。由于供应链成员之间具有较为复杂的协作与竞争关系，因而找到完全最优解是困难的。实际上应从多方面权衡，在求解之前提出一个可以主观接受的期望满意水平，当算法收敛到使各优化指标达到该水平即可停止，步骤如下。

（1）核心企业根据服务活动确定待选择协作成员类别，构造蚂蚁类别，确定可行域。

（2）确定不同蚂蚁类别经过不同协作成员时，各成员服务成本、服务时间误差等参数量值，确定它们同各类蚂蚁遗留信息素量的关系。

(3) 按调度的历史经验及现实数据分析确定各目标优化的期望满意水平。

(4) 设定及调整 α、β、γ、δ、λ 等系数值。

(5) 在源点产生第 t 批次（初始时 $t=1$）蚂蚁，每批次中包含各类蚂蚁若干。使其向宿点运动，到达后全部消失。按式（8－15）更新各节点信息素；蚂蚁批次自动加1（即 $t = t+1$）。

(6) 记录该批次中各协作成员通过蚂蚁数量。判断蚂蚁数量是否达到稳定值（即和前一批次相比选择该节点的蚂蚁数量无明显变化，或连续几个批次中蚂蚁数量均在某个值附近小范围变动）。

(7) 如果已稳定，按各类蚂蚁在成员中分配数量进行协作成员的优选，并分配对应的任务。

(8) 计算此时各目标的优化水平，判断其是否达到期望满意水平。如果达到则算法停止，按结果实施选择决策，否则转（5）。

(9) 若经过所有批次，蚂蚁还无法达到平衡，需重新调整各类参数值，即转到（4）。

(10) 若算法经长时间执行后，各项指标无法达到满意水平，则应对期望满意水平进行相应的修正，即转（3）。

8.10 算例分析

某电子商务企业A是一家提供体验式定制购物服务的B2C网购企业。由于体验购物是其主要策略，因此对于每次客户的体验要求该企业都十分看重。由于该企业本身并不生产产品，也没有物流部门，所有客户要求的体验活动都必须通过包括供应商以及第三方物流企业（3PL）等在内的供应链系统完成。

由于其体验服务的个性化需求特性突出，主要体现在体验活动内容的丰富程度以及体验活动时间的灵活性两个方面，因此需要通过复杂的动态供应链调度实现协作成员的选择及不同阶段服务任务的分配。这里选取4家承担配送服务的第三方物流企业（由3PL1、3PL2、3PL3和3PL4表示）进行算例分析，检验算法的有效性。设调度时刻 t，各3PL的相关运作参数（本节所有数据均已作单位同一化及归一化处理）如表8－2所示。

表 8-2　　　　各 3PL 的相关服务运作参数

调度优化参数	3PL1	3PL2	3PL3	3PL4
服务成本 C	0.76	0.72	0.74	0.71
服务准时性 T	0.59	0.60	0.55	0.57
服务规模效应 M	0.35	0.38	0.37	0.36
服务能力 A	0.50	0.57	0.46	0.56

设调度时刻 t 需进行该阶段服务任务处理的订单对应蚂蚁类型为 A 类，其对 3PL 的服务能力需求为 0.50。首先，通过供应链成员的服务能力平衡要求判断发现 3PL3 不符合基本约束关系，将其设为禁入节点。关于算法中系数的设定分两种情况讨论如下。

第一种情况：A 企业的客户对于体验服务活动具有较严格的时间性要求。在这种情况下，在算法的系数设定中，A 企业将向 3PL 的服务准时性参数倾斜。尽管从图 8-1 判断可知，3PL 的物流服务阶段属于服务交互前的准备阶段，但其服务时间是否与 A 企业的预期时间相符将直接决定服务交互阶段（客户体验阶段）的时间准时性问题。因此，算法中系数选择为 $\alpha=0.3$、$\beta=0.5$、$\gamma=0.2$、$\delta=0$（由于不存在能力约束）、$\lambda=0.1$，蚂蚁批次设定为 300。运用 MATLAB R7 进行仿真，收敛趋势结果如图 8-5 所示。

由图 8-5 分析可知，该类服务订单经若干批次运算后达到稳定状态，所有蚂蚁都选择了 3PL4。这是因为从表 8-2 中的参数值可知，3PL4 在服务准时性方面具有明显优势；3PL2 在服务成本以及规模效应方面较有优势，因此可以吸引蚂蚁向其方向运动，但最终没有成为服务任务的分配对象。可以看出，算法在反映调度多目标的灵活性与均衡性方面较有优势。

第二种情况：客户对于体验服务活动的时间性没有非常严格的要求。在这种情况下，A 企业可以将更多的精力放到服务的规模效应方面，以降低服务成本。算法中系数设定为 $\alpha=0.2$、$\beta=0.2$、$\gamma=0.6$、$\delta=0$（由于不存在能力约束）、$\lambda=0.1$，蚂蚁批次设定为 300。仿真结果如图 8-6 所示。

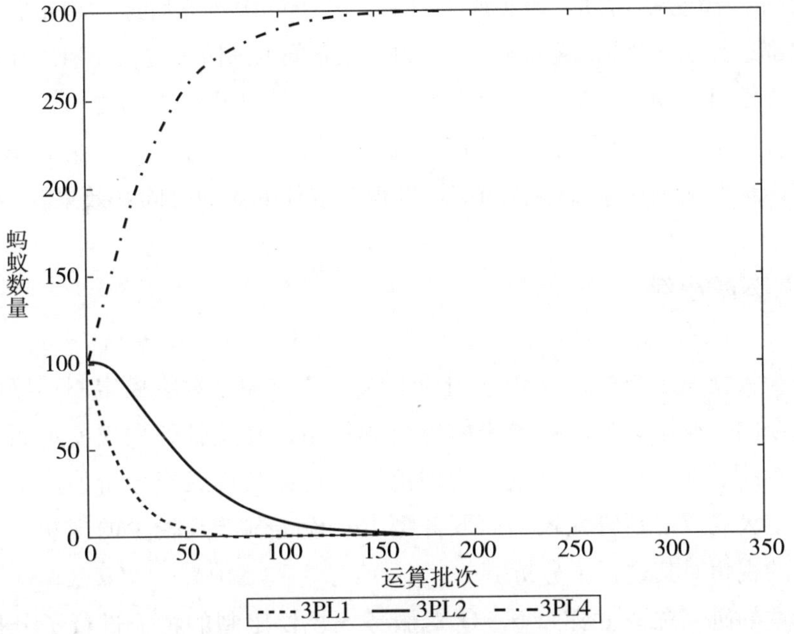

图8-5 第一种情况的收敛趋势

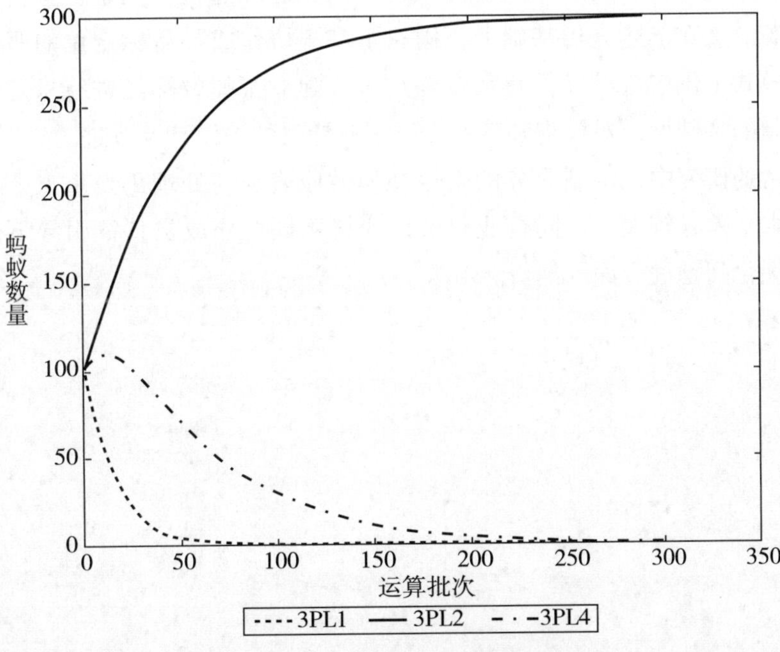

图8-6 第二种情况的收敛趋势

由图 8 - 6 分析可知，该类服务订单经若干批次运算后达到稳定状态，所有蚂蚁都选择了 3PL2。从表 8 - 2 中的参数值可以明显看出，3PL2 在服务规模效益方面具有明显优势；3PL4 较好的成本优势以及适中的规模效应是导致蚂蚁数量先上升后下降的根本原因。通过仿真实践还表明，根据选择优化目标的实际情况适当调整各参数的值可以得到较佳的收敛时间和效果。

8. 11 本章小结

作为大规模定制模式（MC）中重的要方面，服务大规模定制（SMC）必然在当今的企业运营中发挥越来越重要的作用，有关服务大规模定制的研究不仅具有前沿性，而且具有重要的理论先导价值与实践指导价值。鉴于当前对生产型大规模定制研究较多而服务型大规模定制涉及较少的现状，本章从若干新的视角对其进行了分析。

本章的研究意义主要如下。①对服务大规模定制的特征进行了分析与描述，提出服务过程的阶段划分方法，探讨了服务定制中的规模效应问题，分析了服务大规模定制模式下供应链运作中的动态和随机性问题，分析了动态性的来源。②在上述分析基础上，构建了基于协作成员目标定位的服务大规模定制模式下供应链调度优化数学模型，并建立了蚂蚁算法进行求解。根据服务定制的特殊性，对模型和算法进行了有针对性的设计及改进。

今后的研究中，定制服务的柔性规模效应表征与处理仍是重点，特别应对服务水平差异较大、不同行业以及供应链不同协作成员特征引导下的供应链调度优化问题进行深入剖析。

9 总结与展望

本书对基于协作成员目标定位的大规模定制模式下的供应链运作问题进行了研究，构建了基于协作成员目标定位的大规模定制模式下的供应链运作基本框架，界定与分析了其中若干问题，搭建了基于协作成员目标定位的大规模定制模式下的供应链运作优化数学模型并探讨了求解方法。

9.1 本书的主要工作总结

本书在前期围绕“大规模定制模式下的供应链运作（姚建明，2009；姚建明，2013a）”等相关研究成果基础上，将供应链协作成员的目标定位思路引入大规模定制模式下的供应链运作过程，并在此基础上深入分析了供应链的运作优化问题，这些都是相关理论研究中尚需深入探索的重要问题。

本书主要研究工作分为8章。

第1章主要阐述了与本研究相关的基本理念，阐述了问题的研究背景、研究的必要性、重要意义与价值以及本书的研究方法和框架等。

第2章对大规模定制模式下供应链运作特征进行了分析、概括与总结，并在前期研究成果所提出的“大规模定制模式下供应链运作框架”基础上，提出了基于协作成员目标定位的改进供应链运作框架。

第3章到第8章为本书的重点研究工作。

第3章对大规模定制模式下供应链运作中的协作成员目标定位关系进行了分析。通过企业调研，对定制类型以及协作成员的类型进行了分类界定，对协作成员目标定位的主要特征因素进行了挖掘，研究了不同定制类型对目标定位的影响关系以及不同目标定位对供应链运作的影响关系，并提出了协作成员目标定位关系引导下的供应链运作模式。

第 4 章重点分析了基于协作成员目标定位的大规模定制模式下供应链运作中的协作收益与协作风险问题，对定制类型、协作成员目标定位以及协作收益与风险等要素之间的关系进行了分析。

第 5 章以供应链资源整合中的主导因素挖掘作为问题分析的入手点，研究了供应链资源整合中的问题及主导因素，界定了主导因素之间的复杂影响关系以及资源整合的输入与输出关系。这些是第 6 章建立资源整合决策优化模型的先导。

第 6 章从定量的角度对大规模定制模式下的供应链资源整合决策问题进行了分析。首先，对供应链资源整合中的主导因素挖掘问题作了量化阐述，进而对协作成员目标定位对整合因素的影响关系进行了量化分析。其次，在此基础上，分析了核心企业根据整合资源的目的，对资源个体基于其自身目标定位的各主导因素运作状况进行评判。最后，建立了基于成员目标定位的大规模定制模式下供应链资源整合决策优化模型与对应的求解算法。

第 7 章在基于协作成员目标定位的大规模定制模式下供应链运作过程中的收益与风险分析基础上，将收益与风险判定思路引入大规模定制模式下的供应链计划调度优化过程，探讨了将协作成员目标定位问题引入供应链计划调度的机理与方法。在此基础上，建立了基于协作成员目标定位的大规模定制模式下供应链计划调度优化模型及改进的蚁群寻优算法。

作为对大规模定制研究领域中新的模式分析与探索，第 8 章在对服务定制特征分析、服务阶段界定以及服务规模效应探讨基础上，基于协作成员的目标定位关系研究了服务大规模定制模式下供应链调度的优化目标与约束条件，建立了完整的随机多目标动态调度优化数学模型。基于服务大规模定制运作的特点，运用改进的蚁群算法对调度问题进行了求解。

此外，为了方便理论与方法的应用，本书还在第 6、第 7、第 8 章中通过若干典型案例及算例分析以及仿真模拟方法，对决策优化理论与方法的可行性和有效性进行了验证。

9.2 本书的创新性分析

第一，从研究的视角来看，本研究直接从大规模定制模式的特征入手，将不同协作成员对不同定制类型所反映出的协作目标定位为分析重点，探索核心企业如何在供应链运作之前对协作成员的目标定位状况进行推断与把握，从而搭建合理的供应链运作模式，提高效益，降低协作风险。

这与建立在核心企业能够准确获取协作成员产能信息假设基础上展开的供应链运作研究，具有明显的不同之处。

第二，从问题切入的深入性来看，通过文献检索分析发现，尽管产品与供应链的协调匹配理论（即费希尔理论：功能性产品应与有效型供应链匹配，创新性产品应与反应型供应链匹配）已为人们所广泛接受与重视，但是围绕具体定制类型与协作成员类型之间的关系的研究仍比较少见。而对这种关系上的深入研究不仅是理论界探索供应链网络组织结构构建与合理运营、探索供应链整体战略发展的理论基础，也是现实中实施大规模定制的企业进行供应链设计的需要，是一般企业适应复杂市场环境、合理构建与组织其供应链网络、提升风险抵御能力必须认真思考的重要问题。

第三，从研究框架及方法的角度来看，本书设计的供应链运作模式涵盖供应链资源整合与供应链计划调度两个层面，在每个层面的决策优化模型构建与算法设计中都充分考虑了多目标优化的问题，使得研究问题更贴近于实际。多目标优化是复杂系统优化的基本特征之一，本书构建的优化模型与改进的蚁群算法对于处理多目标权衡的复杂决策问题具有良好的适用性。

第四，随着社会的发展，企业间竞争加剧，越来越多的企业认识到“服务”对于提升客户价值的重要性。研究服务大规模定制的问题无疑具有明显的前沿性。本书不仅对服务定制特征、服务阶段界定以及服务规模效应等问题进行了新视角下的分析，而且还基于协作成员的目标定位关系研究了服务大规模定制模式下供应链调度的优化目标与约束条件，建立了完整的随机多目标动态调度优化数学模型和求解方法。这对于服务大规模定制模式的研究以及服务大规模定制模式下的供应链运作问题研究都具有一定的借鉴意义。

9.3 研究展望

鉴于协作成员目标定位研究的前沿性及其所涵盖内容的复杂性，今后的研究中应做好如下几个方面的问题。

在基于协作成员目标定位的大规模定制模式下供应链资源整合方面，应进一步挖掘影响供应链资源整合双方的目标定位主导因素，并从动态整合的角度深入剖析目标定位对供应链资源整合的影响。

在基于协作成员目标定位的大规模定制模式下供应链计划调度方面，应进一步充分考察该过程中的各种变动因素，考虑各种复杂、动态、随机的因素，着力缓解各种不确定性因素对供应链计划调度效果与效率的影响。

在服务大规模定制的研究中，定制服务的柔性规模效应表征与处理仍是研究的重点，特别应对服务水平差异较大、不同行业以及供应链不同协作成员特征引导下的供应链调度优化问题进行深入剖析。

参考文献

[1] 常桂娟，张纪会．基于无等待约束的供应链在线调度问题 [J]．复旦学报：自然科学版，2007，46 (4)：510－516.

[2] 但斌，饶凯，李海燕．大规模定制环境下供应链实施延迟生产的成本优化模型 [J]．计算机集成制造系统，2009，15 (2)：287－291.

[3] 但斌，肖剑，刘晓红．基于交货期窗口约束的多级供应链批量调度研究 [J]．计算机集成制造系统，2007，13 (2)：310－316.

[4] 窦建华，林杰．基于蚁群算法的 MC 供应链协调仿真研究 [J]．计算机工程，2007，33 (11)：187－192.

[5] 侯亮，韩东辉，张翊．基于客户群、模块化及供应链分析的 MC 实施模式研究 [J]．厦门大学学报：自然科学版，2006，45 (1)：51－55.

[6] 胡珊，吴迪．面向大规模定制的同步供应链管理信息系统研究 [J]．科技进步与对策，2006 (5)：111－113.

[7] 黎继子，李柏勋．集群式供应链大规模定制化运作模式分析——以晋江鞋业产业集群为例 [J]．科研管理，2007，28 (6)：167－174.

[8] 黎继子，刘春玲．集群式供应链大规模定制化的计划管理模式 [J]．工业工程与管理，2007 (3)：40－46.

[9] 李贵春，李从东，李龙洙．MC 供应链的集成优化理论与方法 [J]．天津大学学报：社科版，2005，7 (4)：280－284.

[10] 李锡良，李修身．基于遗传算法的大规模定制供应链调度优化研究 [J]．价值工程，2007 (11)：55－58.

[11] 李喆，吕鹃．基于大规模定制产品族设计的供应链管理 [J]．西安电子科技大学学报：社会科学版，2005，15 (3)：77－82.

[12] 梁樑，周俊，罗彪. MC 模式下基于顾客需求的产品配置优化分析 [J]. 管理科学学报，2003，6 (3)：52－56.

[13] 林杰，姜金菊，薛航. 基于 GDSS 的大规模动态定制供应链协调系统的研究 [J]. 工业工程与管理，2004 (1)：63－67.

[14] 罗建强，韩玉启，张银萍. 面向大规模定制的供应链延迟策略研究综述 [J]. 物流技术，2007，26 (8)：152－156.

[15] 马飞，吴梦娜，孙宝凤，等. 大规模定制下的供应链调度建模与仿真 [J]. 吉林大学学报：工学版，2009，39 (S2)：337－340.

[16] 马士华，林勇. 供应链管理 [M]. 北京：高等教育出版社，2003.

[17] 庞如英，刘大成，李强. 基于 APIOBPCS 的大规模定制供应链仿真及优化 [J]. 物流技术，2009，28 (5)：90－94.

[18] 祁国宁，顾新建，谭建荣，等. 大批量定制技术及其应用 [M]. 北京：机械工业出版社，2003.

[19] 邵晓峰，季建华. 大规模定制中延迟策略对库存成本的影响 [J]. 系统工程理论方法应用，2004，13 (5)：385－389.

[20] 孙靖，林杰. 基于蚁群算法的大规模定制供应链调度优化研究 [J]. 计算机应用，2006，26 (11)：2631－2638.

[21] 孙靖，林杰. 信息不完全共享下 MC 供应链动态调度模型研究 [J]. 系统仿真学报，2007，19 (9)：1943－1953.

[22] 汪旭晖. 面向大规模定制的供应链管理：基于“戴尔”的案例分析 [J]. 经济与管理，2007，21 (7)：42－46.

[23] 王海军，马士华，赵勇. 大量定制环境下基于延迟策略的多级供应控制模型研究 [J]. 管理工程学报，2005，19 (1)：6－9.

[24] 王玖河，樊研. 面向大规模定制供应链管理的协调与优化研究 [J]. 中国科技论坛，2007 (11)：95－98.

[25] 王林，吴清烈. 大规模定制模式对供应链“牛鞭效应”的影响 [J]. 价值工程，2007 (2)：65－67.

[26] 王志宏，祁国宁，顾新建，等. 大规模定制模式下的供应链绩效评估系统 [J]. 浙江大学学报：工学版，2007，41 (9)：1567－1571.

[27] 姚建明，刘丽文，蒲云，等. MC 模式下供应链动态调度的蚁群寻

优分析［J］．管理科学学报，2007，10（3）：7－14.

［28］姚建明，刘丽文．4PL 模式下的供应链资源整合决策分析［J］．系统工程，2007，25（4）：1－8.

［29］姚建明，刘丽文．4PL 模式下供应链资源整合的参数展开模型分析［J］．系统工程，2008，S（1）：79－85.

［30］姚建明，刘丽文．4PL 模式下供应链资源整合决策的优化模型及算法分析［J］．系统工程理论与实践，2008，28（5）：20－28.

［31］姚建明，刘丽文．面向供应链的 MC 计划调度功能模块运作研究［J］．工业工程，2007，10（1）：25－30.

［32］姚建明，刘丽文，等．4PL 模式下的供应链资源整合决策机制研究［J］．科学学与科学技术管理，2007（3）：19－24.

［33］姚建明，刘丽文，等．基于改进蚂蚁算法的拉动式供应链动态调度分析［J］．中国管理科学，2006，14（3）：20－26.

［34］姚建明，蒲云．MC 模式下供应链调度的优化模型分析［J］．系统工程，2005，23（8）：35－42.

［35］姚建明，蒲云．基于动态生产能力约束的 MC 模式下供应链调度研究［J］．系统工程，2005，23（2）：25－30.

［36］姚建明，蒲云，等．基于偏好决策的 MC 模式下供应链调度优化［J］．中国管理科学，2005，13（5）：54－60.

［37］姚建明，蒲云，等．面向供应链的大规模定制时间阈值理论研究［J］．工业工程与管理，2005，10（2）：75－80.

［38］姚建明，周国华．大规模定制模式下的供应链计划调度优化分析［J］．管理科学学报，2003，6（5）：58－64.

［39］姚建明，周国华．软计算方法在供应商选择多回合博弈过程中的应用［J］．中国管理科学，2003（1）：48－53.

［40］姚建明．4PL 模式下供应链资源整合的多回合博弈决策分析［J］．运筹与管理，2012，21（4）：7－14.

［41］姚建明．4PL 模式下供应链资源整合的收益决策分析［J］．系统工程，2010，28（6）：58－63.

［42］姚建明．4PL 模式下供应链资源整合的收益与风险决策分析［J］．

系统管理学报，2011，20（2）：180－187.

[43] 姚建明. 大规模定制模式下的供应链调度理论与方法 [M]. 北京：中国物资出版社，2009.

[44] 姚建明. 第四方物流整合供应链资源研究 [M]. 北京：中国人民大学出版社，2013.

[45] 姚建明. 复杂动态供应链计划调度中的协作成员选择决策 [J]. 运筹与管理，2012，21（3）：51－61.

[46] 姚建明. 供应链管理精要（管理者终身学习）[M]. 北京：中国人民大学出版社，2014.

[47] 姚建明. 基于成员目标定位的大规模定制模式下供应链运作分析 [J]. 商业经济与管理，2013，259（5）：13－21.

[48] 姚建明. 引入风险机制的 4PL 模式下供应链资源整合优化 [J]. 管理学报，2011，8（8）：1221－1229.

[49] 赵黎明，郑江波. 大规模定制模式下供应链的研究 [J]. 科学学与科学技术管理，2003（8）：119－122.

[50] 周晓东，邹国胜，谢洁飞，等. 大规模定制研究综述 [J]. 计算机集成制造系统，2003，9（12）：1045－1056.

[51] AIGBEDO H. A note on parts inventory and mass customization for a two－stage JIT supply chain with zero－one type of bills of materials [J]. Journal of the Operational Research Society，2009，60（9）：1286－1291.

[52] BARNETT L，RAHIMIFARD S，NEWMAN S. Distributed scheduling to support mass customization in the shoe industry [J]. International Journal of Computer Integrated Manufacturing，2004，17（7）：623－632.

[53] BRUN A，ZORZINI M. Evaluation of product customization strategies through modularization and postponement [J]. International Journal of Production Economics，2009，120（1）：205－220.

[54] CHANDRA C，KAMRANI A K. Mass Customization：Supply Chain Approach [M]. New York：Kluwer Academic Publishers，2005.

[55] CHARLES J C. Stochastic inventory system in a supply chain with asymmetric information：cycle stocks，safety stocks，and consignment stock [J]. Opera-

tions Research, 2001, 49 (4): 487 -500.

[56] CORONADO A E, LYONS A C, KEHOE D F, et al. Enabling mass customization: extending build - to - order concepts to supply chains [J]. Production Planning and Control, 2004, 15 (4): 398 -411.

[57] DAWANDE M, GEISMAR H N, HALL N G, et al. Supply chain scheduling: distribution systems [J]. Production & Operations Management, 2006, 15 (2): 243 -261.

[58] DEAN P R, TU Y L, XUE D. A framework for generating product production information for mass customization [J]. International Journal of Advanced Manufacturing Technology, 2008, 38 (12): 1244 -1259.

[59] DELLAERT B G C, DABHOLKAR P A. Increasing the attractiveness of mass customization: the role of complementary on - line services and range of options [J] . International Journal of Electronic Commerce, 2009, 13 (3): 43 -70.

[60] FOGLIATTOA F S, DA SILVEIRAB G J C. Mass customization: a method for market segmentation and choice menu design [J]. International Journal of Production Economics, 2008, 111 (2): 606 -622.

[61] FRUTOS J D, BORENSTEIN D. Object - oriented model for customer - building company interaction in mass customization environment [J]. Journal of Construction Engineering & Management, 2003, 129 (3): 302 -314.

[62] GHIASSI M, SPERA C. Defining the internet - based supply chain system for mass customized markets [J]. Computers & Industrial Engineering, 2003, 45 (1): 17 -41.

[63] GUILLÉN G, BONFILL A, ESPUÑA A, et al. Integrating production and transport scheduling for supply chain management under market uncertainty [J]. Computer Aided Chemical Engineering, 2004 (18): 919 -924.

[64] HENRY A. An assessment of the effect of mass customization on suppliers' inventory levels in a JIT supply chain [J] . European Journal of Operational Research, 2007, 181 (2): 704 -715.

[65] HUNG W, SAMSATLI N, SHAH N. Object - oriented dynamic supply - chain modelling incorporated with production scheduling [J]. European Journal of

Operational Research, 2006, 169 (3): 1064 - 1076.

[66] JACK C P S, CHANG Y L, FERGUSON M. Evaluation of postponement structures to accommodate mass customization [J]. Journal of Operations Management, 2005, 23 (3): 305 - 318.

[67] JIANG K, LEE H L, SEIFERT R W. Satisfying customer preferences via mass customization and mass production [J]. IIE Transactions, 2006, 38 (1): 25 - 38.

[68] JIAO J X, MA Q H, TSENG M M. Towards high value - added products and services: mass customization and beyond [J]. Technovation, 2003, 23 (10): 809 - 821.

[69] KUMAR A, PILLER F, ILLIAMS H J. Mass customization: shattering strategic myths, assumptions [J]. Grand Rapids Business Journal, 2006, 24 (33): 24 - 25.

[70] LEE H, PADMANABHAN V, WHANG S. Information distortion in a supply chain: the bullwhip effect [J]. Management Science, 1997, 43 (4): 546 - 558.

[71] LEE Y, JEONG C, MOON C. Advanced planning and scheduling with outsourcing in manufacturing supply chain [J]. Computers & Industrial Engineering, 2002, 43 (2): 351 - 374.

[72] LI J, EDWIN CHENG T C, WANG S Y. Analysis of postponement strategy for perishable items by EOQ - based models [J]. International Journal of Production Economics, 2007, 107 (1): 31 - 38.

[73] MA S H, WANG W, LIU L M. Commonality and postponement in multistage assembly systems [J]. European Journal of Operational Research, 2002, 142 (3): 523 - 538.

[74] MIKKOLA J H, SKJTT - LARSEN T. Supply - chain integration: implications for mass customization, modularization and postponement strategies [J]. Production Planning and Control, 2004, 15 (4): 352 - 361.

[75] MOON C, LEE Y H, JEONG C S, et al. Integrated process planning and scheduling in a supply chain [J]. Computers & Industrial Engineering, 2008, 54 (4): 1048 - 1061.

[76] NASO D, SURICO M, TURCHIANO B, et al. Genetic algorithms for supply – chain scheduling: a case study in the distribution of ready – mixed concrete [J]. European Journal of Operational Research, 2007, 177 (3): 2069 –2099.

[77] PENYA Y K, BRATOUKHINE A, SAUTER T. Agent – driven distributed – manufacturing model for mass customisation [J]. Integrated Computer – Aided Engineering, 2003, 10 (2): 139 –151.

[78] PINE Ⅱ B J. Mass customization: the new frontier in business competition [M]. Harvard Business School Press, Boston, 1993.

[79] POTTER A, BREITE R, NAIM M, et al. The potential for achieving mass customization in primary production supply chains via a unified taxonomy [J]. Production Planning and Control, 2004, 15 (4): 472 –481.

[80] RUNGTUSANATHAM M J, SALVADOR F. From mass production to mass customization: hindrance factors, structural inertia, and transition hazard [J]. Production & Operations Management, 2008, 17 (3): 385 –396.

[81] SADEH N M, Hildum D W, KJENSTAD D A. Mascot: an agent based architecture for dynamic supply chain creation and coordination in the internet economy [J]. Production Planning and Control, 2001, 12 (3): 212 –223.

[82] SAHIN F, POWELL R E, GAO L L. Master production scheduling policy and rolling schedules in a two – stage make – to – order supply chain [J]. International Journal of Production Economics, 2008, 115 (2): 528 –541.

[83] SALADOR F, RUNGTUSANATHAM M, FORZA C. Supply – chain configurations for mass customization [J]. Production Planning and Control, 2004, 15 (4): 381 –397.

[84] SAWIK T. Coordinated supply chain scheduling [J]. International Journal of Production Economics, 2009, 120 (2): 437 –451.

[85] SHAO X F, JI J H. Evaluation of postponement strategies in mass customization with service guarantees [J]. International Journal of Production Research, 2008, 46 (1): 153 –171.

[86] SILVEIRA G D, BORENSTEIN D, Fogliatto F S. Mass customization: literature review and research directions [J]. International Journal of Production

Economics, 2001, 72 (1): 1 –13.

[87] TORMOS P, LOVA A. Tools for resource – constrained project scheduling and control: forward and backward slack analysis [J]. Journal of the Operations Research Society, 2001, 52 (7): 779 –788.

[88] TU Q, VONDEREMBSE M A, RAGU – NATHAN T S. The impact of time – based manufacturing practices on mass customization and value to customer [J]. Journal of Operations Management, 2001, 19 (2): 201 –217.

[89] YAO J M, LIU L W. Optimization analysis of supply chain scheduling in mass customization [J] . International Journal of Production Economics, 2009, 117 (1): 197 –211.

[90] YAO J M. Scheduling optimization of cooperator selection and task allocation in mass customization supply chain based on collaborative benefits and risks [J]. International Journal of Production Research, 2013, 51 (8): 2219 –2239.

[91] YAO J M. Supply chain scheduling optimization in mass customization based on dynamic profit preference and application case study [J]. Production Planning & Control, 2011, 22 (7): 690 –707.

[92] YAO J M. Decision optimization analysis on supply chain resources integration in the fourth party logistics [J]. Journal of Manufacturing Systems. 2010, 29 (4): 121 –129.

[93] YIMER AD, DEMIRLI K. A genetic approach to two phase optimization of dynamic supply chain scheduling [J]. Computers & Industrial Engineering, 2010, 58 (3): 411 –422.

[94] ZEGORDI S, ABADI I, NIA M. A novel genetic algorithm for solving production and transportation scheduling in a two – stage supply chain [J]. Computers & Industrial Engineering, 2010, 58 (3): 373 –381.

[95] ZHOU R, NEE Y C, LEE H P. Performance of an ant colony optimization algorithm in dynamic job shop scheduling problems [J]. International Journal of Production Research, 2009, 47 (11): 2903 –2920.